非遗的朋友圈

非遗的植物朋友

广东省非物质文化遗产保护中心 编著

广东人民出版社

·广州·

图书在版编目（CIP）数据

非遗的植物朋友 / 广东省非物质文化遗产保护中心编著. —广州：广东人民出版社，2024.1

ISBN 978-7-218-17013-8

Ⅰ. ①非…　Ⅱ. ①广…　Ⅲ. ①非物质文化遗产—关系—植物学—研究—中国　Ⅳ. ①G122　②Q94

中国国家版本馆CIP数据核字（2023）第194748号

FEIYI DE ZHIWU PENGYOU

非遗的植物朋友
广东省非物质文化遗产保护中心　编著　　　　版权所有　翻印必究

出 版 人：肖风华

策划编辑：黎　捷
责任编辑：梁　晖
责任技编：吴彦斌
封面设计：任君杰
装帧设计：友间文化

出版发行：广东人民出版社
地　　址：广州市越秀区大沙头四马路10号（邮政编码：510199）
电　　话：（020）85716809（总编室）
传　　真：（020）83289585
网　　址：http://www.gdpph.com
印　　刷：广州市豪威彩色印务有限公司
开　　本：787mm×1092mm　1/16
印　　张：10.75　　字　　数：130千
版　　次：2024年1月第1版
印　　次：2024年1月第1次印刷
定　　价：42.00元

如发现印装质量问题，影响阅读，请与出版社（020-85716849）联系调换。
售书热线：（020）87716172

《非遗的植物朋友》编辑委员会

主　编
蓝海红

编　委
（以姓氏笔画排序）
王　瑛　刘晓春　张春雷　陈忠烈
罗世孝　胡卓炎　蓝韶清　裴继刚

编辑部主任
朱　伟

编辑部副主任
王芳辉

编　辑
李杏娜　杨　立　彭　爽　李渝川
黄智深　张传杨　林德渝　何思颖

撰　稿
陈　实　赵　伟　喻锦琳　唐诗音　梁　晖

绘　画
任君杰　沙棠文创

序言

　　1998年，联合国教科文组织启动"宣布人类口头和非物质遗产代表作"项目，2003年10月《保护非物质文化遗产公约》正式通过。联合国教科文组织提出的"非物质文化遗产"（intangible cultural heritage）这一概念，其中的意涵既是古老的，又是新鲜的。古老，是因为非物质文化遗产运动试图保护的，是业已代代相传的传统；新鲜，是人们在急速的现代化面前，特别珍视那些以口传身授方式延续的传统，试图通过种种手段，延缓、阻止其渐行渐远的步伐。因为这些传统，不仅仅是现代人看起来陌生而遥远的记忆，更是与寄寓了现代人乡愁情感的生活方式息息相关。

　　十八世纪六十年代以来的工业革命，直至今天的人工智能，一方面，不断地拓展人类的生存空间、突破人类的身体局限，人类甚至建立了一个庞大的数字世界，实现自己的现实欲求；另一方面，却使人类越来越远离身边的世界，人类对于周边生活世界的认识、理解和把握，越来越依赖于专业的知识生产和现代教育，而非在自我的感受、体认、探究中获得生存的经验和知识，一切都交由学校、专家和媒体。如果说，现代人类在不断掌控世界的同时，却又远离世界，主体与客体截然分立，生活方式与世界日益陌生疏离，那么，在依赖于口传身授才能得以世代传承的非物质文化遗产中，人类与世界不是控制和掠夺的关系，而是基于信仰和敬畏的你中有我、我中有你的和谐共生的关系。保护非物质文化遗产，强调社区中每一个个体的亲身参与，就是希望通过人人都是参与者，让人类在日益陌生的世界中，重新建立起人与自然、人与人、人与信仰和敬畏对象之间的和谐与共生。

在"中国式现代化"的宏伟蓝图中，强调人与自然的和谐共生，"天人合一、万物并育的生态理念"倡导人与自然、人与人、人与社会之间的和谐共存，是中华民族关于人与自然关系的智慧与思考。在中华文明的生命更新和现代转型中，在中华文化从传统到现代的跨越中，"天人合一、万物并育的生态理念"倡导以系统性、整体性观念建立人与自然和谐共处的关系，不仅体现了对自然规律更深层次的把握，还是人类实现永续发展的追求与理想。扎根岭南大地的诸多非物质文化遗产，是对"天人合一、万物并育"理念的生动实践，体现出中华民族尊重自然、顺应自然、保护自然的文化传统。

"非遗的朋友圈"系列丛书的策划与撰写，正是在这一背景下，发掘保护非物质文化遗产之于中国式现代化建设的价值与意义。作者以生动有趣的笔触，深情回望岭南大地上众多的非物质文化遗产，展现了这片土地上充满智慧的人民发挥自己的聪明才智，顺应天时，善用地利，利用富饶的物产，创造了多姿多彩的非物质文化遗产。每一项非物质文化遗产产品的完成，无不寄寓了传承人在长期实践中形成的对于天地自然万物还有人际关系的朴素观念，比如敬畏、惜物、顺其自然，等等；无不渗透着传承人对于物产自身自然特性的认识、理解，以及运用工具得心应手地顺应物产的物理机理、生物特性，生产制作出具有浓郁地方风味的特色产品。

　　"草木荣华滋硕之时，则斧斤不入山林，不夭其生，不绝其长也"，对于草木之属，顺应天时地利，而取之有时、用之有度，这是在非物质文化遗产中表达出来的自然观。身在广东，对于植物的认识不仅有声、色、味、触的感官体验，也有更多根植于乡土生活的气息。在岭南这片土地上，诸多植物通过非物质文化遗产的转化，进入人们的日常生活，成就了人们的审美情趣、生活哲学，而非物质文化遗产也在这一过程中得以传习、延续。"草木植成，国之富也"，非物质文化遗产与植物的这种"朋友"关系，正是映射出人与自然的命运共同体。

　　因此，从这一视角理解非物质文化遗产对于今天的意义，不只是能够为地方带来经济效益，更应该是通过保护，让人们认识到如何与自然和谐共生，如何实现可持续发展。这才是保护非物质文化遗产的意义之所在。我想读者肯定能够感受到这本书字里行间的人文关怀。

本书编委会

2023年10月

目录

一　百变的造型

二　生活的宝藏

三 美味的旅途

四 茶酒药飘香

五　多彩的民俗

一

百变的造型
Chapter I

　　第一站，我们去欣赏那些在匠人手中化自然为神奇的工艺品，探索竹、木、叶、核这些自然界中最朴素的植物材料成为惊艳古今的艺术品的秘诀。看小小的榄核之上何以雕刻出精致场景，又或是如何以"火"为笔，在葵叶上烙出一幅幅精美的图画，本章一一揭晓谜底，让大家一饱眼福。

　　对了，还请同学们务必提前准备好大量感叹精妙绝伦的词语，以免心潮澎湃之时无语抒发。

广州榄雕

榄雕的朋友——乌榄

乌榄为橄榄的一种，据《齐民要术》《岭外代答》等典籍记载，乌榄在中国栽培历史悠久，优良品种有油榄、西山榄、三方榄等。乌榄树形优美，可做绿化树种。榄核呈灰黄褐色，材质坚实，密度适宜，用作雕刻的材料，无论是下刀手感，还是细节塑造，都非常适合。

榄雕《东坡夜游赤壁》，原件藏于台北故宫博物院，由广州人陈祖章创作于清乾隆年间

　　榄雕是在乌榄核上进行微型雕刻的工艺。由清代广州人陈祖章创作的榄雕《东坡夜游赤壁》，高1.6厘米，长3.4厘米，宽1.4厘米。舟体袖珍，桅杆帆绳具备，门窗开合自如，舱内杯盘狼藉，船公客妇神情各异，而凭窗而坐的那位便是苏东坡了。舟底刻有东坡先生的《后赤壁赋》，全文三百余字，字字清秀。

　　还等什么呢？让我们一起走进这门令人惊叹的技艺——广州榄雕。

　　广东省广州市增城区长夏多雨，自然条件优越，是乌榄树生长的天堂。每年五月之后，乌榄果便成熟。匠人将乌榄果从树上打下来，去除紫黑色的榄肉，得到榄核。对于雕刻材料来说，质地自然是首先要考虑的，质地紧密的榄核更方便匠人们施展刀法，核子过于脆硬或绵软，都难以刻画出精细的纹路。另外就是挑形状了，有同学可能会问，形状不是匠人想要什么形状就刻什么形状吗，为什么要挑？不错，虽然匠人可以将榄核雕刻成自己想要的形状，但雕刻作品，还讲究一个顺势而为，根据榄核的形状长势，发挥想象力，设计不同题材的作品，瘦长的做舟船，圆润的做莲蓬。既有天然的长势，又有人为的雕琢，人的创意能与自然有机结合，才是雕刻作品更高的境界。

　　选好材料，定好题材，便可以在榄核上画样了，匠人往往要先在纸上画出"纸样"，然后在榄核上照着纸样勾画出轮廓。万事俱备，开始雕刻。

打榄：把成熟的乌榄从树上
打下来

常见的榄雕技法有浮雕、圆雕、镂空雕。浮雕是在榄核表面进行雕刻。圆雕是将艺术形象以立体的形式呈现在榄核整体之上。镂空雕是广州榄雕匠人最擅长的工艺，创作的题材极具岭南水乡特色。

六角形镂空雕的蟹笼

圆雕的
钓鱼翁

镂空雕的撒网船

榄雕《水乡风情》

　　各种雕刻技法轮番上阵，一枚光溜溜的乌榄核变成一方灵动逼真的风景，这便是榄雕艺人的刀下精巧。雕刻完成，再用刮头将作品打磨光滑，使其色泽鲜亮，光润可鉴。如此步骤下来，有些复杂的作品，甚至要耗费工匠数十天的时光才能雕琢而成，此中匠心不可谓不令人佩服。

核舟在选材上比较讲究，一般要选横切面成三角形、中部有明显突出的乌榄核

将乌榄核的表皮去掉，观察榄核上是否有裂痕

核舟图样

设计

根据画好的线，先用角刀将船身、船篷和船舱位置做出粗坯

用圆刀镂空船舱内部

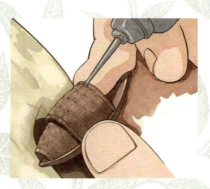

用小角刀和尖针雕刻船篷上的花纹

用直刀打磨船底比较明显的刀痕后，核舟完成

　　榄雕已发展出数十种经典作品，如通雕蟹篓、撒网渔船、吊链宫灯、花塔、古鼎、多层花舫等，琳琅满目，也成就了一代又一代雕刻大师。自陈祖章后，还有一位湛菊生大师，除了同样能出品榄核舫，他的十八罗汉、山石树木等诸多榄雕作品更是精彩。新中国成立后，百废待兴，在区麟、区琦兄弟的组织下，恢复了榄雕生产，创作出了新中国第一批广州榄雕精品。二十世纪七八十年代，增城新塘镇组建了艺雕厂，培养优秀艺人，发展最好的时候全厂有45名艺人，榄雕成品年产量可达7万多个。至今，还有曾昭鸿等大师依然坚守着这门令人啧啧称奇的手艺。

　　榄雕作为具有岭南特色的工艺品，保存了传统工艺美术的技法，蕴含了岭南风物的神韵，是岭南文化的精彩体现。即便现代化机械设备如此发达的今天，也难以复刻出匠人手中的韵味，唯有匠人那双能化平凡为神奇的手，才能于方寸内见传奇。

　　你，感受到榄雕的惊艳了吗？

植物名片

乌榄　*Canarium pimela* K. D. Koenig

橄榄科橄榄属乔木，花序腋生，为疏散的聚伞圆锥花序。高达20米，胸径达45厘米。花期4—5月，果期5—11月。果成熟时为紫黑色，外果皮较薄，干时有细皱纹。产于中国广东、广西、海南、云南，并分布于越南、老挝、柬埔寨。

新会葵艺

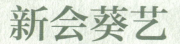

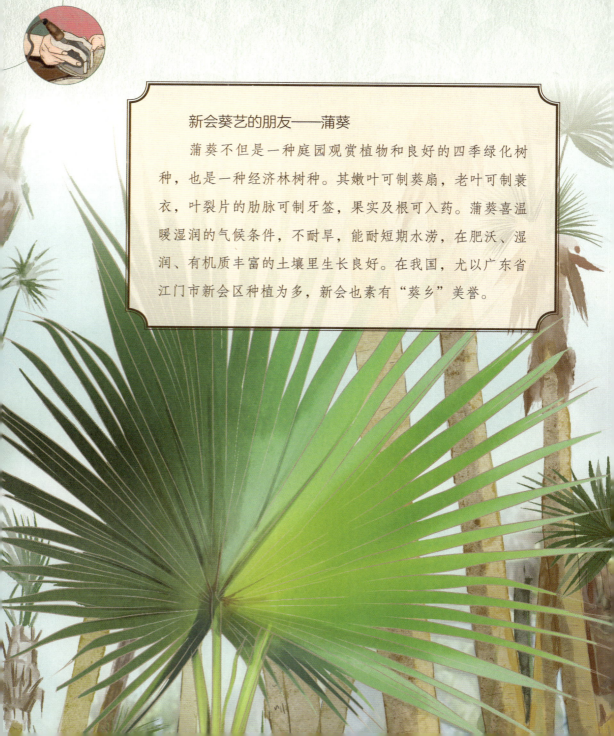

新会葵艺的朋友——蒲葵

　　蒲葵不但是一种庭园观赏植物和良好的四季绿化树种，也是一种经济林树种。其嫩叶可制葵扇，老叶可制蓑衣，叶裂片的肋脉可制牙签，果实及根可入药。蒲葵喜温暖湿润的气候条件，不耐旱，能耐短期水涝，在肥沃、湿润、有机质丰富的土壤里生长良好。在我国，尤以广东省江门市新会区种植为多，新会也素有"葵乡"美誉。

新会葵扇——
桃型火画扇

东晋时期，名臣谢安手摇广东葵扇穿街过市，一时间"京师士庶竞市，价增数倍"，洛阳纸贵，葵扇也贵。谢安摇的不一定是新会葵扇，但自古以来，新会就是广东葵扇最著名的产地。郭沫若同志1959年到新会视察时，对新会葵扇留下"精逾鬼斧，巧夺天工"的称赞。

葵扇是新会葵艺的主要产品，包括玻璃火画扇、竹箨葵扇、绣花织扇等上百个品种。除葵扇之外，新会葵艺产品还有葵工艺品和实用品。葵工艺品包括花篮、通帽、藤席、坐垫、画帘等，实用品包括葵蓬、葵刷、葵扫、葵蓑衣等。新会葵艺历史久远，最兴盛时期，在新会有300多家葵艺厂，生产500多个花色品种产品，远销欧、美及东南亚各国。

新会葵艺之所以扬名于世，久负盛名，原因有两个，一是材质独特。新会生产的蒲葵，叶面滑而心蒂正，骨格细匀、质地柔韧，为其他产地的蒲葵所难及。二是工艺精巧。下面让我们从火画扇的制作中，领略新会葵艺的精绝。

认识新会火画扇，要从栽种蒲葵开始。

新会一带湿地居多，湿地具有保持水源、净化水质、调节气候等诸多生态功能，被称为"地球之肾"，同时，也是蒲葵的最佳生长环境。新会的葵艺匠人对于提高葵籽的出苗率，加速幼苗的生长，颇有心得，一般在霜降或立冬采果，以果实饱满、大小均匀一致、呈墨绿色为准采摘，然后种在特定土质中，定植三年。

葵艺制品是用葵叶为原材料，但要得到适宜的葵叶不能干等着它自然生长，要经过多道工序，才能最终得到理想的葵叶。

新生的葵叶还没有像扇子那样展开，而形似一支毛笔，称为葵笔

葵叶正面边缘最细小的部分被缠绕在有弹性的细小竹棍、小树枝的两端，令其平展

　　首先，要挑选合适的葵笔用绳子扎起来。然后，等待葵笔成熟，成熟一支就割下一支，此时的葵叶，还只能叫生葵。匠人用手把葵笔上的毛去掉，在小竹棍、小树枝等辅助下将葵叶的叶面完全平展，置于太阳光下或烘房，令葵叶散失水分，终止一切生理活动，最终得到葵艺制品所需的理想葵叶。

　　得到理想的葵叶后，便开始葵扇的制作。匠人按叶的大小修剪出扇子雏形，并洗刷干净，用硫黄熏蒸之后，用水润湿葵叶，再置于火上烤热，乘着叶面软化，将葵叶定型整平，每次成型一片，这叫焙扇。焙扇完毕后，要用扎扇板压紧，定型4至8小时。然后比照样板扇，划出精确形状，并为扇叶缝上扇边加固。扇边的缝合也非常讲究，在叶面之上穿针引线，既要保证针脚的美观，又不能破坏叶片的完整。在加工制扇过程中，由于各种原因，扇叶附着了一定水分和污物，通过干刷后，要再次进入熏房，进行硫黄烟熏，减少水分，清洁扇面。经过硫黄烟熏的葵扇，扇面平展而有光泽。最后，根据各种不同规格葵扇的要求，按照一定的长度，用剪柄刀剪去多余的葵柄，并对扇柄进行装饰。

至此，用自然界中的叶子精制成一把如此坚韧耐用、精巧美观的扇子已然不易，然而在葵扇上烙画才刚刚开始。

火向来对于植物不太友好，火画扇却是迎难而上，让草木与火合作出了一幅幅绝美的杰作。据传，火画扇由老画师陈晚始创于清代同治末年。烙画师傅必须有美术功底，烙画前还要注意下手的分寸，烙得过重，就会烧穿材料；过轻，则达不到需要的艺术效果。岭南画派的一代宗师关山月曾观摩火画扇制作过程，并亲自尝试"烙火画"，但由于无法把握烙铁的力度，总把扇面烧糊。最后，也只有掷"烙"长叹：真是一门绝技！

旧时的烙画师傅采用炭炉烧红铁笔作画笔，配备湿毛巾

> 随着科技的发展，现在的烙画师傅已采用电烙铁作画笔了

调试铁笔的温度。烙画师傅先用火笔夹夹住较细的烙铁在扇面上勾画出图案的轮廓，再用粗烙铁描出阴影。如果烙铁温度过高，就在湿毛巾上点一下把温度降低。温度、力度没有绝对的标准，皆是师傅指尖的经验功夫。笨重的烙铁在烙画师傅手中挥洒自如，一幅图案欲脱扇而出，令人为之赞叹。

至此，一柄扇面优美的火画扇得以制作完成。

历史上，新会以其得天独厚的自然条件，大面积种植蒲葵，发展出我国农业文化中独具特色的蒲葵种植业，大大丰富了我国农业文化的内涵。新会葵艺是在蒲葵种植的基础上成长起来的民间艺术奇葩。新会人融汇编织、刺绣、绘画和印花等工艺，令葵艺产品的加工达到出神入化的境地，火画扇更是曾荣获多个大奖，堪称南粤一绝。

新会蒲葵和葵艺凝聚着新会人的感情。如今，蒲葵依然是当地街道绿化的"宠物"。旅居海外的新会人无论离开家乡多远多久，回来观光、旅游、投资，总忘不了买把故乡的葵扇，以寄托思乡之情。

植物名片

蒲葵　*Livistona chinensis* (Jacq.) R. Br. ex Mart.

棕榈科蒲葵属多年生常绿乔木，高可达20米，基部常膨大。叶阔肾状扇形，直径达1米余。花序呈圆锥状。花果期4月。果实椭圆形橄榄状。原产中国南部，多分布在广东省南部，广西、福建、台湾等地区均有栽培，中南半岛亦有分布。在2013年被列入《世界自然保护联盟濒危物种红色名录》中易危（VU）。

缅茄雕刻

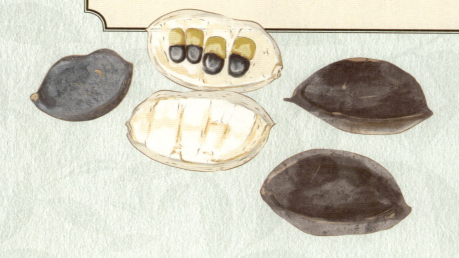

缅茄雕刻的朋友——缅茄

缅茄是一种珍稀树种，原产于缅甸。缅茄树形优雅，绿叶婆娑，是优良的庭园绿化树种。其木材质坚硬，极耐腐，不易受白蚁侵袭，是高级家具、建筑、造船等优良用材。花可泡茶，具有清热解毒之功效。

虽然缅茄是乔木，但却是豆科植物，树上结的"果实"是豆荚，豆荚中的缅茄种子，便是缅茄雕刻的材料，尤其是缅茄种子蜡黄色的蜡蒂，是非常理想的微雕原料。

　　如上图这般精巧的作品，便是缅茄雕刻了。要了解缅茄雕刻，我们需要先认识一棵树，正是这棵树为缅茄提供了创作基础——缅茄种子。它是生长在广东省高州市城西有着480多年树龄的缅茄树，据《光绪重修茂名县志》物产部分记载，"明朝李太仆卿邦直自云南携归，筑室观山下，失落于此发芽成树"。

　　有同学可能要问，缅茄树不都能提供缅茄种子吗，为什么偏偏只介绍这一棵？这便是缅茄雕刻难得的原因之一，因为在中国境内生长的缅茄树大部分都结不了种子，即使结有种子，其蜡蒂部分都十分细小，硬度也不够，不能用于雕刻工艺品。

高州当地林业部门也已经把这棵缅茄树作为国家稀有树种进行重点保护了。1988年，高州市人民政府在古缅茄树周围兴建了缅茄公园，

高州城西有棵近500年树龄的缅茄树

塑建缅茄女像，留下一段高州缅茄的传说。了解完这棵树，我们这就走近缅茄雕刻，一探究竟吧。

天然的缅茄大小、形状皆不相同，其主体分为蜡黄色和深褐色两部分，蜡黄色部分为蜡蒂，可用于雕刻造型，深褐色的部分为缅茄种子，一般作为造型的底座。缅茄雕刻的选材主要就是看这两部分，种子粒大饱满、蜡蒂比例大的为上乘材料。

最初，缅茄雕刻只是在缅茄种子上刻简单的图案，将其制成简单的印章、吊坠之类，供人们把玩或使用。这样的作品只要用到基础的平雕刀法便足够。

到明末时，人们开始对缅茄的蜡蒂施艺，根据蜡蒂的形态，用剔雕、透雕等立体雕刻的刀法，将蜡蒂雕刻为精巧的造型，诸如花卉树木、鸟兽虫鱼、人物肖像、亭台楼阁、山川景物等，甚是令人喜爱。

到民国时期，缅茄雕刻技术又发展到了一个新的阶段。剔雕与透雕的结合，让一种类似镂空刻的手法出现，艺人雕刻出了"双龙戏珠""双狮滚球""三狮戏球"等高难度的工艺品，其中的"珠""球"，能在龙嘴里、狮子脚下转动，让这些作品更加风趣盎然、传神别致，令人叹为观止。

缅茄雕刻匠人在放大镜下雕刻

用刷子给雕刻
好的作品抛光
上油

　　除了雕刻技法，雕前的浸泡、打腹稿，雕后的修整抛光、上油，也皆有专业的步骤。以"龙"系列题材作品为例，每个作品都要经过9道工序，即腹稿工、粗模工、通道工、龙珠工、龙须工、龙鳞工、修整工、抛光工、上油工。正是这些严密的步骤，才使得作品尤其精美。

　　缅茄雕刻已传承近五百年，是高州传统雕刻工艺的一种古老艺术形式。缅茄雕刻作品曾经被选中作为国礼赠送于国际政要友人，可见其文化地位。广东省博物馆藏有《五羊》《双龙戏珠》等多件大师经典之作，欣赏这些顶尖的精品，可让我们一饱眼福，感受工匠技艺之精湛。如果我们有机会去高州游玩，不要忘记去一睹古缅茄树的风采，并挑选几件缅茄吊坠、印章留作纪念。

植物名片

缅茄　*Afzelia xylocarpa* (Kurz) Craib

豆科缅茄属乔木，高15—25米，有的可达40米，胸径达90厘米。树皮褐色。花期4—5月，果期11—12月。广东省南部，海南、广西、云南南部等地均有种植。

沙河鸟笼工艺

沙河鸟笼的朋友——毛竹

竹与松、梅，被誉为"岁寒三友"。毛竹叶翠，四季常青，是我国栽培面积最广、经济价值也最重要的竹种。毛竹竿型粗大，宜供建筑用，如制作梁柱、棚架、脚手架等。竹子劈成的薄片称为篾，竹篾具柔软可造型且坚韧不易损的性质，可供编织各种生活用品及工艺品。竹的枝梢可做扫帚，嫩竹及竿箨是造纸原料，竹的嫩芽——笋味美，可鲜食或加工制成笋干等。

　　汪曾祺先生在散文《北京人的遛鸟》中说道，养鸟本是清朝八旗子弟和太监们的爱好，"提笼架鸟"在过去是对游手好闲、不事生产的人的一种贬词。后来，这种爱好慢慢传到辛苦忙碌的人中间，使他们能得到一些休息和安慰。如汪先生所言，从八旗子弟，到劳动人民，养鸟文化见证了国人生活的变迁，于文化发展的脉络而言，不可谓不重要。下文我们说的便是鸟笼。

　　广笼，作为中国四大名笼（北笼、南笼、广笼、川笼）之一，以沙河鸟笼最为出色。沙河，即广东省清远市清新区禾云镇

鸟笼可分为花笼（带雕花）和光笼（没有雕花）两种，雕花笼自然更为精致

所辖的沙河田心村。在这里，几乎每家每户都会做鸟笼，当地至今还保留有"天光墟"传统集市——农历每月逢七之时（七日、十七日、二十七日）夜晚开市，天亮前散集。集市之上，各地客商蜂拥而至，不为别的，只为能挑选到心仪的沙河鸟笼。当然，现今商业发达，不只天光墟，精美的沙河鸟笼已经形成了非常成熟的产业区域与市场，一些技艺高超的师傅，甚至都不用自己兜售，常年都有做不完的订单，甚至一个精品鸟笼售价可高达数万元。那么，究竟是怎样的工艺，让求购沙河鸟笼的客商络绎不绝、一掷千金呢？让我们一起走近沙河鸟笼技艺。

匠人一般到笔架山、金竹园、龙颈、石潭等地的山上选毛竹。毛竹要粗大，竹节越疏越好

沙河鸟笼制作技艺十分复杂，一共有140道工序，大体可以分为选竹制料、制作配件、雕花、穿笼四大步骤。

首先是选竹制料。制作沙河鸟笼所用的竹子是生长4—5年的毛竹，生长时间太短的竹子密度不够，时间太久的又会太韧，都不太合适。在年份合适的毛竹中，还要挑选大条的、竹节较稀的。匠人往往在9—12月雨水较少时亲自上山挑选毛竹，这个时期气候较为干燥，将挑选好的毛竹趁此气候露天晾晒一月左右，竹子通体呈现出均匀的金黄色。晾晒期间，匠人也不能做甩手掌柜，如果天干少露，就一定要人工给竹子洒点水，因为如果不能均匀地控制竹子收水，晒得太狠，就很容易造成竹子爆裂变成废料。

竹子晒好，便可以"开料"了。根据不同的笼型，将竹子裁切成需要的尺寸。比如做相思笼的料，要裁成长190厘米、宽2.3厘米，其他不同的配件也有相应的尺寸。裁好竹料，要进一步"刨青"，就是将

刨青时一定要将竹节刨平，不然到后面步骤埋圈时容易爆裂

竹子表面的油青薄薄地刨去一层，并且将竹节、竹竿上的硬囊等杂质逐一修磨平整。最后，将竹料浸泡在水中24小时，便可进行最核心的原料处理——埋（粤方言，有归拢、凑合、连接的意思）圈，也就是将长直的竹料箍成一个圈备用。

这是原料制备中最辛苦的一步。要想埋好笼圈，先要将泡软的竹子按照需要（将来做鸟笼的底圈或顶圈等不同需求）捆扎成竹圈，随后在沸水中滚煮20分钟，捞出滚烫的竹圈后用手反复挤压，以对齐模板，最终让竹圈精准、服帖地成为需要的尺寸。定型要在一两分钟内完成，经过沸水浸泡的竹圈很烫，匠人却不能戴手套，否则捂着不散热，会更快令手起水泡，最多只能用毛巾隔热。埋竹圈后再经过两三天的晾晒，达到解开捆扎的绳子后竹圈能保持形状，即便用手把它掰直，它也会自动恢复为圆形，这才是真正埋好的竹圈。

如果你以为终于可以开始制作鸟笼，那就大错特错了。制备好材料以后，要存放在不易受潮的地方至少3年，要求高的甚至要存放5年以上。存放期间，如果竹料生虫子，就只有丢掉不用，如果3年以上不生虫，便永远不会生虫了。除了这种传统的筛选法，有些急功近利的制作人想过用农药杀虫，然而这样的竹料等农药挥发后，会重新生虫，难以长久。正所谓一分耕耘，一分收获，精美的沙河鸟笼是经过时间的沉淀才能得到的精品佳作。

一千多天的沉淀之后，随着竹料出仓，终于可以开始制作配件了。想必同学们都玩过组装玩具，尤其是男同学喜欢的组装赛车，玩得多了一些汽车零部件的名称也能张口就来。鸟笼的配件也是如此，你目之所及组成鸟笼的每一块细部零件都有其专业的名称，也有规定的尺寸。

以相思笼为例，打开零件包你能看到：脚圈、青圈（大

接圈，俗称夹圈，就是将埋好的竹圈两头接驳好

圈）、底板、竹丝（52—56条）、线圈、身圈（3个、宽4厘米）、顶圈（3个）、顶指、罩头、罩珠（身）、罩钩、笼撑、莲花座、站棍（跳档）、边顶、立箍（3个）、立片（3个）、门闸。

同学们也不用头晕，简单解释一下便很好理解。鸟笼纵横交错，竖着的那些，便是竹丝。竹丝制备时，要将初步做好的竹丝一头削尖，塞进拉丝铁板的小孔中，用铁钳夹住使劲拉出，以保证竹丝粗细的匀称；而横着的，便是名称中有圈的零件，箍在不同的位置，便叫做不同的圈。笼圈的制作大体上分为两步，先用胶水黏合接口，称为接圈，再用煤油灯修正不够圆的地方，称为焙圈。为了穿过竹丝，鸟笼中间的箍圈上要打出与竹丝同等数量的孔（相思笼一般52个），圈与圈之间的孔位稍有错位，鸟笼便难以规矩正直，这一步非常考验匠人的耐心与精准。

除了纵横的交错，再有就是鸟笼的提手——罩头、罩珠、

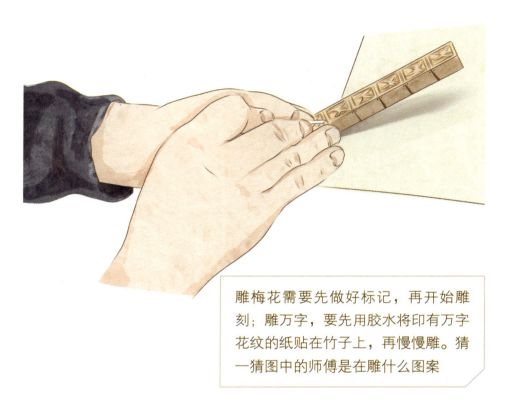

雕梅花需要先做好标记，再开始雕刻；雕万字，要先用胶水将印有万字花纹的纸贴在竹子上，再慢慢雕。猜一猜图中的师傅是在雕什么图案

罩钩组合起来的部件，再加上底板、莲花座为底，站棍、门闸为关，这些大体都是用焙火造型、刀锉打磨等方式按照规定程序制作。至于更加精细的部件，这里就不做展开了。和组装赛车一样，越是精细的作品，零部件就越繁杂，除了考验匠人的手头功夫，对于匠人的艺术审美水平也要求极高。这一点在雕花步骤中体现得便更直接了。雕花款式往往都是中国传统纹理，比如梅花、鹰脚、半边菊、水杨花脚、万字、竹叶、金钱、八角寿字等。

穿笼，是最终组装。按照先顶再身、由上到下、由外到内的顺序，将各个笼圈用竹丝穿接起来。为了让竹丝弯位齐整不变形，穿好之后，隔天还要再收整一次，前后三天，共要收整三次，这样可以保证十几年不走形。待收整完成，就可以开闸门。常见的门闸设计有自动的暗锁，合起来时会自动上锁，十分巧妙。随即在底板打入竹钉做最后的固定。笼体成型，再安装底座、提手等外部件，沙河鸟笼制作全部完成。

文字简单，难以将140道工序的精髓详尽道出，毕竟是多代匠人智慧与技艺的集合。从挑选合适的毛竹开始，到最终的拼装成型，直至今日，除了钻孔与打磨可以用电动工具，其他工序仍是手工完成。虽然是手工制作，但每个竹圈、每根竹丝的连接均准确无误，因此，精美的鸟笼在穿插接驳的地方看不出丝毫痕迹。沙河鸟笼可谓技艺精湛、成品惊艳，不愧为中国四大名笼之一。

植物名片

毛竹 *Phyllostachys edulis* (Carriere) J. Houzeau

禾本科刚竹属单轴散生型常绿乔木状竹类植物，竿高可达20多米，叶片较小较薄，披针形，花枝穗状，小穗仅有1朵小花，4月笋期，5—8月开花。主要通过地下茎无性繁殖。喜欢温暖湿润的气候，主要分布在自秦岭、汉水流域至长江流域以南和台湾地区，黄河流域也有多处栽培。

佛山木版年画

佛山木版年画的朋友——木荷

　　木荷既是一种优良的绿化、用材树种，又是一种较好的耐火、抗火、难燃树种。在广州著名的风景名胜白云山上，就种植了不少木荷，在花开季节，往往满树是花，很易辨识。木荷为用材树种，树干通直，材质坚韧，结构细致，耐久用，易加工，是纺织工业中制作纱绽、纱管的上等材料，又是桥梁、船舶、车辆、建筑、农具、家具、胶合板等优良用材，树皮、树叶含鞣质，可以提取单宁。

　　按照雕版的要求，用材要便于雕刻、易于长久保存、沾水后不变形，而这些性质荷木都能很好地满足，因其又盛产于粤北地区，故而就成为佛山木版年画匠人最青睐的选择。

持刀将军是佛山木版年画的一款，深受人们喜爱。春节时，人们将门神贴于门上，喻意驱邪避鬼。持刀将军象征卫家宅、保平安、助功利、降吉祥，是民间最受欢迎的保护神之一。持刀将军有多个版本，其中民国版的持刀将军最为常见。此门神画色彩鲜艳夺目，寓吉祥如意、迎春接福之意，最具广东佛山地方特色，是老百姓春节时最喜欢选用的门神画

　　佛山木版年画源远流长，其生产以清乾隆、嘉庆至全面抗日战争爆发前为盛。佛山木版年画以题材划分有门画、神像画和岁时风俗画，用于祭祀、祈福和装饰环境等。佛山木版年画体现了农耕社会普罗大众祈求驱邪纳福的愿望，属于地方民俗的一种民间工艺美术品。

佛山木版年画是匠人创作并通过雕版、套色印刷而成的版画。精美的年画与雕版的工艺水平直接相关，所以雕版具有非常高的艺术价值。让我们一起来看看套色印刷的雕版究竟是如何制成的。

考虑到雕版需要常年使用，为了保证印出来的线条不会变形，图形始终如一，年画对雕版所用的板材要求非常高，木质纤维要细密而不脆硬，纹理要平顺而不易破裂，再有就是要吸水后不变形，不易虫蛀腐烂，如此说来，北方的梨木、杏木便是较好的选择。而广东佛山地处南方，一般选用产自粤北的桃木、荷木制作雕版。选用树龄较老、直径较大且风干多年的木材，纵向裁切成厚1市寸（3.3厘米）的木面板，经过水煮、风干、刨平后便可进行雕版了。

工匠先要创作出画稿，并且按照颜色的不同，分出不同的色稿。比如红色稿中，是画出年画中所有红色的部分。除了色稿，还要有一张线稿，也就是对应年画中的黑色线条。线稿与不同颜色的色稿都要保证非常精准，稍有差池，在印刷的时候就会因为颜色的错位而前功尽弃。佛山年画的主色有：黑（乌烟）、红（花红）、黄（介黄）、绿（片绿）几种，这就意味

先把创作好的画稿分为色稿，一色一稿，将色稿分别复贴在木板上，让墨色复印在木板面上，然后将木板上没有墨色的部分，丝毫不差地全部刻凹三至五毫米深

着色彩丰富的年画往往要雕刻四块版。

　　将画稿印在木板上，剔除没有墨色的部分，便可制成雕版。佛山木版年画的雕法有两大倾向：一是大刀阔斧，主要用于印制风格粗犷的年画，多用短直刀路刻出大体形态，线条粗放，块面简拙，但正是因为没有精细雕琢的修饰，形成了一派韵味拙朴、天然成趣的民间艺术风格。另一是精雕细琢，主要用于神像画的雕版。神像画既要神威肃穆，也要形体生动，服饰细节也有诸多体制规范，这就需要雕刻时用更加细致的刀法，精雕细琢、丝丝入扣，才能完整地表现画稿的原貌并且不失神韵。这一刀法刻出的雕版线条流畅、纤秀精巧，极具岭南美术特色。

　　准备好雕版，便可以开始印制画幅。年画品类众多，以画作内容区分，可分为门神画、神像画、历史故事画、山水风景画……若按照工艺的不同大致可分为：木版单色画、木版套色画、木版印线手绘画等，让我们通过整个年画的印制流程逐一来认识它们吧。

　　印制木版年画，首先要定位。用纸夹将一沓准备印制的白纸夹紧，一般一次要夹一百多张，纸夹对应专门的卡槽，可以将纸张固定在工作台上，保证每次揭过一张纸都能放在同样的位置。雕版也要在固定的位置卡好，保证画幅能在纸张上端正地呈现。定好位就可以开始印色了，用涂色棕扫把颜料均匀涂抹在雕版上，并迅速将纸张揭过来，盖在版上，再用擦纸棕扫反复擦扫两三遍，一张单色印画就印好了，马上掀起印好的纸垂在雕版与纸夹间的空隙中，再揭过一张新的纸，循环往复。要注意的是，每次颜料的涂抹量、纸张覆盖的力度、擦扫的力度，都会影响年画的品质。一百多张纸快速印色的过程中，匠人并非是机械地劳作，而是全神贯注地动态跟进画面的统一。如此一次印色便完工的，得到木版单色画。

而要得到更加精美的木版套色画，则要在一种颜色印完之后，换其他颜色的色版，进行套色。套色对于定位的要求就更高，印色过程中，稍有细微的偏差，都会让成品有瑕疵，所以匠人更加专注于观察颜色的套印是否有偏移，并且进行及时调整。

通过套色，得到彩色的木版套色画。然而，匠人往往不满足于此，还要将木版画作品的画面修饰得更加精致，这时就需

棕扫，由棕榈纤维编扎而成的刷子。分为涂色用的"色扫"和擦纸用的"刷扫"

要手绘。年画的手绘也颇讲究，每种手法有一个极具古韵的名称：为了保证神像（人物）的五官端正、须发自然，对眼睛、口唇、须发等进行精细绘画，这叫做"开相"；为了使画面更加精美而富有层次感，对一些细节花纹用金银色进行勾画，这叫做"勾花"；为表达节日喜庆的氛围，为年画涂上银朱底色，这叫做"填丹"。最后，为保证画幅在纸张的居中位置，对纸张进行裁剪，即"飞边"。至此，佛山木版年画制作完成。当然，对于精品年画还可以进一步装裱。

在今天，发达的印刷机械可以轻易地生产各种精美的字画，但佛山木版年画承载的是一份无法代替的文化韵味。匠人在作坊之中，从木版之上一刀刀的雕刻，到指尖感受颜料与纸张的结合，使得年画早已不单单只有画面内容，还有历史、有匠心、有温度，传统文化的魅力尽显于此。

植 物 名 片

木荷　*Schima superba* Gardner & Champ.

也称荷木，是山茶科木荷属大乔木，高可达25米，嫩枝通常无毛。喜光。分布于广东、浙江、福建、台湾等地。

潮州木雕

潮州木雕的朋友——油樟

　　油樟是优良的观赏树木，在我国，多分布在广东、四川等省区。其枝、叶及干均有樟脑气味，可提取樟脑和樟油，供医药及香料工业用。木材可做造船、橱箱和建筑等用材。樟木，即油樟之木。樟木质地软润，韧性适中，用于雕刻层次复杂的潮州木雕最为顺手，深受匠人青睐。

潮州木雕的传统作品通常是同建筑物、家具及神器结合在一起，作为它们的装饰或构件

　　在广东东部旧属潮州府一带，流行的木雕雕刻技法、艺术特点同出一源，人们习惯称之为潮州木雕。

　　潮州木雕品类众多，尤以多层镂通和金碧辉煌的金漆木雕为世人所称道。唐宋时期，潮州社会经济发达，潮州木雕也得到了发展。

　　潮州木雕应用广泛，首先是在建筑上，中国传统建筑的木质结构，如门窗、亭台、梁架、柱头、栏杆、屏风、隔板等，凡是木质材料制成的地方，都可以瞥见木雕精美的修饰。再者就是家具陈列，像床案、桌椅、食盒、灯桶、摆件等。还有民间祭祀活动中用到的神龛、宣炉罩、神椅等器具也通过精美的木雕烘托出庄严大气、金碧辉煌、古色古香的氛围。恰是因为木雕的涉及内容如此之广，对材料的选择也非常广泛。可以说，凡是用于生活中的木材，皆可用潮州木雕技艺雕琢。

建筑物或者大型家具上常用杉木，这种木材结构细致、质地轻软，可惜缺乏韧性，雕刻的时候容易崩缺，所以，一般不会用于雕刻精细的镂通，多用于建筑花饰和家具构件的制作。相比起杉木，樟木的木质更加软润，硬度与韧性适中，用于精雕镂通再适合不过。樟木并不名贵，这也为潮州木雕的传承发展提供了充足的材料保障。再加上樟木耐湿、耐浸、不易变形等性质，也就难怪虽然名木众多但潮州木雕匠人偏爱樟木，樟木成为潮州木雕的主要用料。选材最重要的还是工艺考量，樟木在木雕匠人精妙的刀法技艺下，得到了最大限度的发挥，木雕作品形象生动有力，再经过髹漆、贴金等工序，就更为富丽堂皇了。再有就是花梨木等其他木材，它们各有特点，也在匠人的经验总结中各尽其用。

潮州木雕的主要雕刻技法有沉雕、浮雕、圆雕和通雕四种。其中，沉雕，顾名思义，就是刻进去，"沉"下去，也叫做阴刻，相对来说最为简单，是雕刻工匠首先练习的基本功，一般用来雕刻房门、柜门面上的花纹。浮雕就是让作品"浮"起来的雕刻技法，也叫做阳雕，用于雕刻器物上立体凸起的纹饰。圆雕则更加立体，也就是常说的立体雕，用于雕刻立体的造型和摆件。最难的技法便是通雕，也叫做镂雕或镂空。在形制上，通雕又分立体透雕与平面镂雕两种。多层次镂通是潮州木雕独特的风格。通雕结合前面三种雕刻技法，主要用于呈现

以多层次镂空雕为例，潮州木雕生产制作过程大概分为三个阶段：起草图、凿粗坯、细雕刻

层次复杂的作品，少则二三层，多则六七层，它打破了人们对于平面雕刻的惯常认知，让作品层层相扣，极具视觉冲击力，这也是潮州木雕最精髓的技法。

潮州木雕的装饰形式主要有三种，分别是本色素雕、五彩装金和黑漆装金。其中，本色素雕，并不是朴素的作品，而是为了更好地展现雕刻艺人的刀工与细节，对作品表面不做颜色修饰，只涂清漆保护。一般来说，名贵的木材或者极具艺术性的精细雕刻才能享受这种待遇。五彩装金，顾名思义，即用红、绿等色彩分明的颜料与金色装饰作品，使作品的色彩交相

潮州木雕工艺的迅速发展与提高，同民间艺人的聚族生产，技艺祖传父、父传子有密切关系

金箔　　　圆雕蟹篓

圆雕蟹篓意境清新、形式独特，反映了木雕匠人高度的创造才能。在木雕上贴金并不用胶水，而是先用传统的步骤给木雕上漆，在漆将干而未全干时，把金箔贴近木雕，用软刷擦，金粘着的程度及色泽，都取决于漆的干固程度

辉映，绚丽夺目，一般在建筑物雕饰上使用。黑漆装金是最常见的潮州木雕装饰形式，即是在雕饰物上以赤色的漆料为底，贴上金箔，也有用朱漆的，但为数极少。

　　经过千年的发展与沉淀，潮州木雕已然成为整个潮州地区最重要的文化符号之一，我们可以从中领略潮州的民间审美趣

味和文化艺术的风格特点，感受到潮州人民重德崇祖，敦亲睦友，恋故土、重邦国，尚实际、美自然等丰富的思想情感与地域文化。无论是写意的造型，还是精妙的表达手法，潮州木雕都极具特色。更加难得是如此精美的技艺依然兼具着实用性，从日常家具到住宅建筑，都可见其身影，为人们的生活增添了浓厚的文化艺术氛围。同学们面对如此精湛的技艺，是否想去实地亲身感受它们的魅力呢？

植物名片

油樟　*Cinnamomum longepaniculatum* (Gamble) N. Chao ex H. W. Li

樟科樟属常绿乔木，高可达20米，胸径50厘米。树皮灰色。枝条圆柱形，无毛，幼枝纤细。叶片互生，上面深绿色，光亮；下面灰绿色。花呈淡黄色，有香气，花梗纤细，5—6月开花，7—9月结果。油樟原产于中国，在《世界自然保护联盟濒危物种红色名录》中属于近危（NT），是国家二级重点保护野生植物。

二

生活的宝藏

Chapter 2

　　这一站，是感受智慧的旅程。同样是对于草木的改造，也许它们没有上一站那般的精巧，却富有深厚的聪慧勤俭之韵，那是绵延久长的中华灵慧，于草木之间蓬勃地生长着。

香云纱染整技艺

香云纱染整技艺的朋友——薯莨

薯莨块茎的形状很像圆滚滚的大番薯，外皮黑褐色，凹凸不平，断面新鲜时呈红色。薯莨的块茎富含单宁酸，味道苦涩，不宜食用，但它的汁可让布料染色。人们在发现薯莨这一重要的用途之后，为它起了一个更加贴切的名字，"染布薯"。

如果说，从赤身露体到以叶、皮为衣是人类文明的一次质的升级，那么，将植物纵横交错地整合在一起，创造出一种新的制作衣物的材料，便是另一次人类智慧的闪光。人类将自然界中动物的毛、植物纤维经过处理，制作成细长的线条，这一过程便是"纺"；而进一步将这些线条编织为片状，这便是"织"；有了纺织物还不够，出于对审美的追求，再在布片上涂上颜色，这就是"染"的工艺，最后，还要通过"整"理，给好看的布片赋予更多实用特性，比如，手感更加顺滑、表面更加耐磨或者布面可以防水等。这便是纺织业的"纺""织""染""整"四大工艺。

我们要认识的"香云纱染整技艺"，巧妙地将染、整两大工艺合二为一，在染色的同时，面料也被赋予了新的特性。究竟是怎样的染整工艺，让普通的纱绸与野生植物薯莨、河泥结合之后，留下"一两黄金一两纱"的世俗评价？赶快来一起看看吧。

香云纱，也叫"薯莨纱"，指的是用植物染料薯莨染色的丝绸面料。香云纱主要产区是广东顺德、南海、三水、番禺等地。香云纱是中国南方特有的著名染织品，是世界纺织品中唯一以纯植物染料染色的真丝面料，是最为环保的纺织品。

据考证，薯莨早在古代就被沿海的渔民群体广泛应用，他们在生活实践中发现，用薯莨的汁液染整加工过的织物布料具有耐磨、快干的特性，这也恰好契合了渔民的生产生活需求。

广东作为中国最大的蚕丝产地之一，再加上气候炎热，这就使得把丝绸织品变得松爽耐穿，成为民众迫切的生活需求。薯莨碰到百姓的需求，同丝绸交上好朋友，香云纱的名声大噪便是顺理成章的事。

要得到薯莨染整的香云纱，制备薯莨水自然是第一步。山

晒干时在绸缎上面压竹竿
也是为了保持绸缎平整

中挖采回的薯莨块茎，经过捶打、研磨，便可以得到浓稠的暗红色薯莨水，天然的薯莨水便足以为丝绸染色，并且让丝绸变得质地坚挺。

整卷购买来的绸缎需要开剪成每块长20米左右，每一块绸缎的两头加缝棉织品的穿棒套，用于晾晒时穿入竹竿；绸身两边要缝上襻线，用于晾晒时套入已按丝绸的幅宽钉入草地的竹钉上：这些准备工作都是为了绸缎晾晒时能保持平挺顺伏地铺在草皮上。

把准备好的绸缎放入装满薯莨水的水槽中，用最浓的薯莨水浸过绸面，并用手不断翻动，使绸缎浸透，吸足薯莨水。将已多次用不同浓度的薯莨水浸泡的绸缎沥干水，置于草地上，正面向上平摊，并将襻线套入草地上的竹钉，使绸缎平挺，不卷边，暴晒于烈日之下至干。

晾晒绸缎的草地被称为"晒地"，也颇讲究。晒地的植草要有严格的养护，保证轻柔的绸缎铺在上面时，草身可以支撑起绸缎，保护其不与泥土接触。绸缎晒干后，用花洒将薯莨汁喷洒在绸缎表面，然后晒干，这叫"洒莨水"。经多次洒莨水，绸缎渐成淡棕色。

然后将绸缎收起，再浸泡入薯莨水中，让其充分吸收薯莨水，随后再拉展在晒地上晒干。这叫"封莨水"，封莨水也要重复多次。

为使绸匹吸收薯莨水均匀，防止交织点（织眼）堵塞，将已封过水的绸匹置于大铜锅内，用水温45℃至50℃的薯莨水煮4至5分钟，并不断手工翻动，使煮得匀透，这叫"煮绸"。煮绸完成沥干水后，继续重复晒干、封莨水、煮绸等步骤多次，终于得到香云纱的半成品，这时的绸缎是赭石色。

接下来的步骤很重要，能够让织物特性更加稳定，并且将绸缎进一步变成更加鲜润的黑色，这便是——"过河泥"。

日出之前，在绸缎上薄薄地涂一层河泥，经过一段时间反应后，将绸缎抬到河中洗去泥浆，再放在草地上用清晨微弱的阳光晒干。此时绸缎涂泥的一面就会变成乌黑色。再经过最后一次封莨水、晒干等工序，这时绸缎虽然已充分吸收了薯莨的汁液，但手感较硬，因此，要在傍晚6时后，再将其平摊在草地上。此时，日已西沉，草根吸收了地里的水分滋润到草身，绸缎也吸收到草身的水分而软化。这叫"摊雾"。至此，亮丽而富有光泽、质地爽滑的香云纱终于制作完成，它的一面是乌黑发亮的黑色，另一面则是赭石色。亮丽富有光泽、质地爽滑的香云纱终于制作完成。

现代科学已经证实，香云纱是丝绸、薯莨、河泥三者相互反应的结果。首先是丝绸中的丝素胶朊多肽键和薯莨中所含的

过河泥

单宁酸结合，使绸缎表面形成一种涂层，然后河泥中含有的高价铁离子与薯莨中的单宁酸发生反应，生成黑色沉淀物凝结于绸缎表面，经适度的阳光晾晒，黑色沉淀物固化，光滑的绸面形成。这又一次印证了古代人民强大的观察、总结与实践能力。借由细微的观察与不懈的钻研，改善人民生活，产出文明成果，是亘古未变的智慧。

香云纱轻薄而不易折皱、柔软而富有身骨，穿着由香云纱制作的服装，令人独具风韵

植物名片

薯莨　*Dioscorea cirrhosa* Lour.

薯蓣科薯蓣属藤本植物，藤茎长可达20米。花期4—6月，果期7月至翌年1月。分布于浙江南部、江西南部、福建、台湾、湖南、广东、广西等地，生于海拔350—1500米的山坡、路旁、河谷边的杂木林、灌木丛中。

墩头蓝纺织技艺

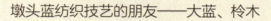

墩头蓝纺织技艺的朋友——大蓝、枨木

大蓝，也叫板蓝。根、叶可入药，有清热解毒、凉血消肿之功效。大家在感冒时可以喝"板蓝根冲剂"，其中的板蓝根便是板蓝的根部。板蓝除了根部有药用价值，叶也可制成蓝靛染料，并以此得名。古人发现，将板蓝的叶子收集起来，进行一系列工艺操作，可以将棉麻织品印染为蓝色，我们常说"青出于蓝"便是源于此。

枨木，它的枝叶上结出的圆果实类似花椒颗粒。有趣的是，天然的枨木果实用手揉搓之后，汁水也是蓝色的，可以想象，古人大概是因为这种蓝色与大蓝所染之色相近，所以想着加入染料中可以增添蓝色，但机缘巧合中，增加了染料的稳定性。古人以锲而不舍的实践精神，总结出植物的特性与用法，这很值得我们领会与学习。

大蓝

枨木

香云纱染整是用薯莨汁为染料，在广东省河源市和平县彭寨镇的墩头村，也有一项极具地域文化色彩的纺织技艺——墩头蓝纺织工艺，则是使用大蓝和柃木制作染料。墩头蓝，是以传统纺织印染工艺制作而成系列布料的统称，其主色调为蓝色，故而得名。这种布料整洁柔软、厚密有度、耐磨实用，是客家地区日常生活中常用面料，如做头帕、鞋帽、衣被甚至是书画装裱等，与客家人的生活息息相关。墩头蓝绝不是简简单单的一方染成蓝色的布匹，它蕴含的文化需要我们从源头开始慢慢感受。

这门手艺的起源，要追溯到600多年前的明朝，墩头先人曾祖松从大湖迁入彭寨镇大岭厦定居，也就是现在的墩头自然村附近。墩头先人们立下了耕读传家的家训，后辈既要务农耕作，也要读书明理，半耕半读不可懈怠。这样的家训，让墩头村民大兴土木修建书院，同时发展棉麻印染等手工业。墩头蓝在当时就极负盛名。要知道，将棉麻搓纺成纱线也许挺简单、好上手，但将棉麻织成布匹，再将布匹染整为美观实用的布料就属于比较高级的操作了。当时，墩头先人给村民们传授染织技艺的梅园书屋被称为"东江第一儒林"。半

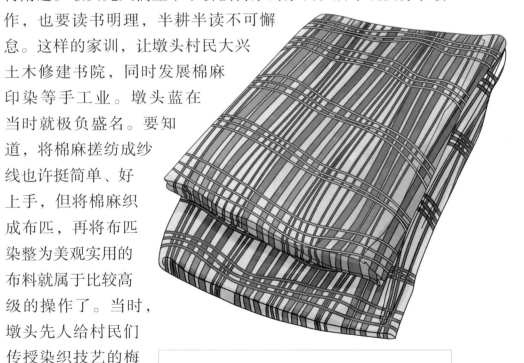

墩头蓝布料以自然、清新、简约与和谐的蓝色闻名于东江流域

耕半读的优良传统，不仅让复杂的手工艺得以发扬流传，更留下了温润谦和的淳朴民风。墩头蓝系列布艺核心包括纺、耕、织、染、踹、绣六大技艺，70多道大小工序。

墩头蓝系列布料是由纱线采用经纬交叉、纵横交错结合起来的结构，而织布机就是帮助工人们将纱线交错结合起来的机器。传统的织布机核心构造是固定经线（布面上的纵向线条）的木架，如果只是将经线固定好，然后用横向的纬线一上一下地穿过去，也达到交错结合的目的，但可以想象效率实在太低，远远达不到生活需要。聪明的古人将排列好的经线分成两部分，相邻两条线分别固定，也就是将奇数位的线固定在一根木棍上，将偶数位的线固定在另一根木棍上。这样可以通过抬放两根木棍，让相邻的经线形成夹角，这时候，纬线只要轻松地穿过夹角，经线再交叉一次，布面结构便形成了，这便是织布机的核心工作原理。

明白了织布机的原理，我们再来看墩头蓝纺织技艺的过程。首先，煮浆、浆纱（用米糊浸泡纱线）、晒纱，经过这几步的整理，纱线可以更加牢固。接着是撑纱（搓纱）、打纱筒、打纱碌（彭寨方言），通过这几步将纱线收拢成线轴，方便之后上织布机时可以流畅地织布。再经过耕纱、过厚（彭寨方言）、梳布、上机、过纵（彭寨方言）、调机、调掉宾绳（彭寨方言）这几步，将经线按照要求排列在织布机上，并且梳理整齐，不同的排列可以织出不同纹理的布面，复杂的排列（耕纱）要使用四层或者更多的经线组合。纱线在织布机上整好，就可以开始织布了。

上机织布绝对属于一项辛苦活。织布时，织布人腰勒大皮带，双脚协调踩下踏板（控制经线的交叉），两手抛接布梭（穿插纬线）。经纱、纬纱交织时要全神贯注、全身用力，腰

煮浆

浆纱

晒纱

上机

部尤苦，初学者及女子更不堪其苦，健壮的男子一日夜，平均也就能织八九米布。

织好了布，便进入"染"的工序。墩头村一带盛产大蓝，匠人将采摘回来的大蓝叶经过浸泡、自然发酵、加入一定比例的石灰等步骤，最终凝结成蓝靛。蓝靛越多，染料制作就越成功。蓝靛可以让布料形成素雅质朴的蓝色，但要让这种蓝色历久弥新，还需要加入另一种植物——枔木，这是墩头蓝有别于其他蓝染工艺的关键所在。将枔木通过大火熬煮，得到的枔木汁每天以一碗量兑入染缸中，即是墩头蓝染织中的点染法，最终得到墩头蓝的染水。根据所需颜色深浅的不同，将布料在染水中浸泡不同的时间，再通过晾晒，终于让古朴的蓝色凝结于布料之上。

在墩头蓝纺织技艺的形成发展中，墩头村的人们勤劳好学的文化传统促使他们不断更新工艺。明末清初，墩头村先人曾

晾晒

官大前往吏部任职，亲眼看见了中原地区先进的染织技术，后来他又官至江南通判，熟悉了江苏一带的染织技术。曾官大告老还乡后，革新墩头蓝生产工艺，广授子侄，大大提高了产量与质量。其中"踹布"（也叫踏布）技术的引入便是重要改良之一。踹布，就是将布料卷起来，压在光滑的大石之下，匠人双足踩踏大石，让石头把布匹碾压平整，这样处理能使布质紧薄而带有光泽。

在耕读传家文化氛围中，一代又一代后辈努力读书，并精进织染工艺，让墩头蓝纺织技艺在今天仍散发着独特的文化光芒。为了让年轻人接受，今天的墩头蓝布料也做出了很多符合年轻人审美的作品，像手提包、装饰品等，既符合现代生活需要，也充满传统文化气息，这样的用品同学们会喜欢吗？

植物名片

大蓝　*Strobilanthes cusia* (Nees) Kuntze

爵床科板蓝属植物。草本，多年生一次性结实，茎直立或基部外倾，稍木质化，高约1米，通常成对分枝。穗状花序直立，长10—30厘米，花期11月。分布于广东、海南、香港等地，常生长于潮湿地方。

柃木　*Eurya japonica* Thunb.

山茶科柃木属灌木，高可达3.5米，花瓣白色，果实圆球形，2—3月开花，9—10月结果。分布于浙江沿海、台湾等地，朝鲜、日本也有分布。多生于滨海山地及山坡路旁或溪谷边灌丛中。

白沙茅龙笔制作技艺

茅龙笔的朋友——白茅

　　狗尾巴草大家应该不会陌生，有时会遇到一些形似狗尾巴草，但颜色却呈白色的杂草，那便是白茅。白茅草，喜阳耐旱，多生于路旁、山坡、草地。白茅有顽强的生命力与繁殖力，是世界最顽固的杂草之一。然而任何事物都有多面性，这种杂草长在山野间，白色的草穗随风摇摆，也不失为一方美景；在匠人手中，化身茅龙笔，更是一种匠心与智慧的体现。

笔杆材质各异的
茅龙笔

　　将植物制作成染料，利用的是植物内在成分的特性，本节我们要了解的广东省非物质文化遗产项目——白沙茅龙笔制作技艺，则是对于植物外在性质的利用。要利用植物的外在性质来改善我们的生活，观察入微的细心、丰富的创意、精确巧妙的手工缺一不可，而茅龙笔便是融合了以上种种的杰作。

　　要认识白沙茅龙笔，要从"白沙"二字说起。故事要说回600多年前的明朝，在广州府新会县白沙里（今广东省江门市蓬江区白沙街道），有位陈献章，是杰出的思想家、哲学家、教育家、书法家，他自号"白沙"，后世对他有诸多尊称，如"圣代真儒""岭南一人"等，而"白沙先生"也是其中之

型号不一的茅龙笔

一。至于白沙茅龙笔之白沙，是指白沙先生还是白沙里那个地方，我们听听先生的故事便可知晓。

白沙先生，十九岁考中秀才，进入国子监读书，成化二年（1466）官至吏部主事，而后辞官回乡，聚徒讲学。白沙先生在乡中讲学时，常常需要去镇上买笔，开销不菲，此外路途遥远，来回也非常不便。

一日，白沙先生望着山野间飘摇的白茅草，随手折取一支把玩，恰恰就是这无意的一折，使他发现折断处纤细的草心，竟与狼毫、羊毫有几分相似。正发愁无笔可用的他马上想到，何不用这些茅草心做一支笔。说做就做，他马上取了一些茅草急匆匆回到住处，经过一番研究、实践，著名的茅龙笔诞生了。白沙先生还亲切地称这种笔为"茅君"，写下诗句"茅君稍用事，入手称神功"。

　　茅龙笔出名，不只是因为白沙先生之名望，更多还是因其本身的品质。评价一支毛笔，无非是考量它的吸墨均匀程度和笔触的弹性这些方面，看看是否能表现出各种书法技巧，而这种特性往往是动物的毛才能满足，这便是为什么狼毫笔、羊毫笔一直都是主流选择的原因。茅龙笔则首创以植物材料做笔，也能做到对书写技巧的完美呈现，甚至因其笔触苍涩，笔锋处留有空隙，使得茅龙笔书写时形成丰富的笔画牵丝与飞白，别具一格。我们一起来了解下茅龙笔的制作工艺吧。

　　茅龙笔的制作，从采摘茅草开始就极为讲究。匠人在新会圭峰山上漫山的茅草中细心挑选出那些背风向阳、不老不嫩、茎壮粗大、长短适宜的茅草。根据所做笔的规格不同，选取不同的老嫩、软硬的茅草，用剪刀或砍刀进行裁剪。接着用锤子对茅草茎部进行捶打。这一步捶打更多考验的是师傅的经验，对于捶打力度、次数很难描述出统一的标准，用师傅的话说，这是一次与大自然材料的"对话"，要想完全激活茅草的材质特性，需要用心去感受捶打的触感。捶打好的草茎经晒干后，要浸泡，让植物材料达到既能饱满吸墨，又富有弹性。不同季节的茅草浸泡时间不同，要凭师傅的经验控制时间。最关

制笔

键的一步是刮青削草，即使用利刃、锉刀等工具，按照事先设定的笔形，进行快速刮削或手拉成峰。此道工序对手工技艺要求高，刮拉的品质直接影响茅龙笔的成形与使用效果。最后，还要经过浸胶、梳草、风干等工序，方可捆绑装饰，这样下来，一支茅龙笔的制作才算完成。

对于茅龙笔来说，只是了解其制作工艺，还远远不够，因为让茅龙笔盛名在外的，还有苍劲有力的"茅龙书法"。

用茅龙笔书写的书法，由于没有笔锋，笔划中留有空隙，形成其他书法难有的"飞白"，笔画顿挫、拙重，别具一格。白沙先生的茅龙书法代表作有《慈元庙碑》《种蓖麻诗卷》等，都是精品，为国家珍贵文物。茅龙笔古朴雅致，笔锋修长，富有弹性，笔触苍涩，既适宜写行书、草书，又可以用于勾勒山

使用茅龙笔草书

水画，麦华三、关山月等书画大师的一部分作品也是借助茅龙笔创作的。

　　茅龙笔在使用上要比一般毛笔的要求高一些，书者要掌握一定的书画技法，才能将茅龙笔的特色展示出来，这对于喜欢传统书画的同学们来说未尝不是一种挑战。当然，不管怎么说，在一众艺术家与匠人的共同努力下，我们在今日也能窥见茅龙风采，是我辈之幸。

植物名片

白茅　*Imperata cylindrica* (L.) P. Beauv.

禾本科白茅属多年生草本植物，秆直立，高可达80厘米，节无毛。叶片为窄线形，通常内卷，花柱细长、紫黑色，颖果椭圆形，花果期为4—6月。在我国各地均有分布，生于低山带平原河岸草地、沙质草甸、荒漠与海滨。白茅再生力强，根风干后，埋入土壤仍然成活，铲除极其费工，是顽固型杂草。根茎可入药。

莞草编织

莞草编织的朋友——短叶茫芏

　　南方水域资源丰富，河边青草依依，当你看到一片约一米高的翠绿草丛，细看时茎条窄长，又是三棱形，那便是莞草了，学名短叶茫芏，俗称咸水草。咸水草全草都可入药，但因其纤维含量高，更是用于编织的好材料。

　　咸水草的生长环境必须是咸淡水交汇处，水质过咸、过淡都不行。广东东莞地处珠江三角洲，其沿海地区夹在东江等众多大小河流的淡水之间，恰好与南海的海水冲撞，这里的水域咸淡相宜，是莞草生长的天堂，因此当地传统手工草织业已有悠久的历史。

　　从远古开始，人类就学会了自然资源的利用，不过，早期是直接利用，拿一片叶子直接做"衣"来遮体，搬几块石头来倚靠，便算是家具。随着文明的发展，人类渐渐学会了自然资源的复合利用，将石头卡在木棒中，便是石斧，将泥土加水软化，重塑为各种生活用具。自此，人类文明便走上了一条飞速跃进的绚烂旅程，而资源组合利用的技艺是文明发展的直接体现之一。今天我们要认识的莞草编织，便是其一。通过精妙的编织技法，将普普通通的莞草编织组合为一件件极具实用价值的生活用品与精美可观的艺术品。

　　东莞，据说因地处广州东面，且盛产莞草而得名。据清康熙《东莞县志》记载："自双冈、沙头，出咸西，接新安，迤逦数十里，皆海岸……其产卤草，其人捕鱼之外，日相采莞以为生。"面对大自然送到门口的礼物，东莞人民没有浪费，在厚街镇、道滘镇、虎门镇、莞城等水草资源丰富的镇区发展出了成熟的草织业。在东莞市东城区柏洲边出土的战国墓砖，已有清晰工整的席纹，显示莞草编织历史的悠久。

莞草编织的草篮半成品与成品

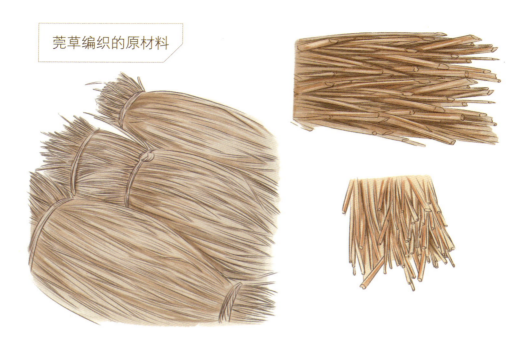

莞草编织的原材料

莞草编织，就是通过不同的编织技法将莞草一类的水草制成各种草织品。莞草编织成品可以分为水草类、草绳类、草辫类、绳席类、辫席类、草席类六大类别，以生产床席和地席的草席类为主。具体产品有草篮、草盒、提花席、方席、蒲团席

等。东莞的优质莞草编织品产量高，出口很畅销。在20世纪80年代前，在广东出口产品中，东莞草织品不逊于丝绸织物，是地方经济重要支柱产业。

以草席的编织为例，第一步是选择原料，也就是挑草。因草席的宽度规格不同，对于莞草长短的需求也不同，同时还要区分质地。匠人往往喜欢颜色光洁、草身圆滑的石竹种。

选好了材料，就可以开始"染水草"。这一步又叫"打皮"，是将挑选好的水草捆扎后浸泡，待"草胶"与其他杂质浸出后，通过漂染师傅的独门技艺按照制作需求进行染色。有些地方产的水草表皮上矿物油脂丰富，漂染很容易发生不上色、变色的情况。这些走样的产品，客户自然不会满意，所以染水草尤其考验漂染师傅对染料配量、工时等技术关键的把

20世纪60年代匠人编织创新的品种门口席，又名炉底席

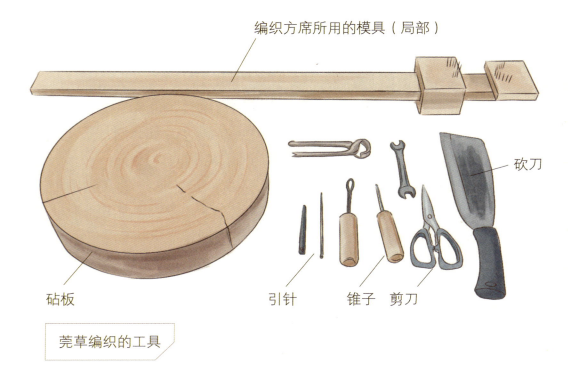

编织方席所用的模具（局部）

砍刀

砧板　　　　引针　　锥子　剪刀

莞草编织的工具

控。深受人民喜爱的草席品种芥黄席，在阴雨天不发霉，耐用不褪色，成为当地婚嫁的必备物品。

漂染成功后，经过晾晒，便可以进行编织。编织前需要设计好木质模具，模具上钉上铁钉，这些铁钉是用来固定由黄麻纺织成的麻绳的，将麻绳按照一定的规律排列好，再用莞草在铁钉与麻绳中间穿插编织。不同的模具、不同的麻绳排列、不同的草绳穿插都会让草席呈现出不同的纹理，有的整齐划一，有的花样众多，这也体现匠人的编织水平。

待到草席织成，再经过一次晾晒后，还要进行修剪与拍席。修剪掉一些外露的草头及断草，以保证草席的光滑。拍席则是用手掌拍打整个席面使各处薄厚均匀。最后，梳整好席边，一张能用几十年不走样的莞席就此完成。

　　清朝后期，东莞草席年产量可达十五万包，远销欧、美、澳及南洋等地。民国时，草织匠人达一万多人，连同水草种植与加工人员则多达十一万两千人，草织业的荣枯关系到东莞几十万人口的生活。今天，莞草编织的作品更是繁多，像草席、草篮、草盒等都是人们的日常用品，还有一些作品是草编与其他工艺的有机结合，如在木桌面上掏出空缺，再用草编填补这些空缺。结合了莞草编织的家具，除了坚实耐用，还兼具古朴的艺术性，深受人们喜爱。

　　一条条平淡无奇的莞草，经过匠人的辛勤劳作、创新设计，成为中西文化交流的媒介，成为当年东莞经济发展的轴心。如今，东莞已成为国际制造名城，粤港澳大湾区重要节点城市之一，柔软、坚韧的莞草，耐用、精美的莞草编织品，依然承载着莞人艰苦创业、精明能干的精神。

植物名片

　　短叶莔茎　*Cyperus malaccensis* subsp. monophyll-us (Vahl) T.Koyama

　　又称莞草，莎草科莎草属植物，匍匐根状茎长，木质。秆高80—100厘米，锐三棱形，平滑，基部有1—2片叶。在中国分布于江苏、浙江、福建、广东、广西、四川、海南和台湾等地。

藤编

藤编的朋友——藤

藤，在植物的分类体系中非常广泛，常听说的藤本植物，指的是那些茎干细长，自身不能直立生长，必须依附他物而向上攀缘的植物。藤本植物按它们茎的质地分为草质藤本（如牵牛花）和相对坚韧一些的木质藤本。做藤编显然使用的是木质藤本植物。

根据史料记载，南海藤编最先使用本地野山藤，后改用海南的白藤（棕榈科攀援藤本植物），清代道光年间，海运频繁，东南亚一带的"洋藤"运入国内，匠人又开始使用洋藤编织。总之，自然界中的藤类植物，只要藤皮、藤芯柔韧耐用，都可在匠人手中变成精美的工艺品。另外，对古代战争感兴趣的同学一定听过"藤甲兵"这个名称，藤甲作为早期的战争装备，也是一种藤编物，既轻便，又有一定的保护性，可以说也是一次对藤条特性的充分开发。

同学们已经知道可用草加工成各种精美的编织物，在自然界中，还有一种植物，富有弹性且质地坚韧，可以直接编织使用，这便是藤条。早期的藤编物品是对藤条的直接利用，随着编织技艺的升级与审美需求的提升，聪慧勤劳的先辈通过创造开发，将藤皮、藤芯进一步优化，将"土头土脸"的藤条编织逐渐变成了各种精美的作品，既实用又美观。

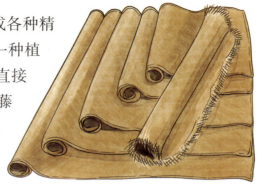

藤席轻巧实用、祛湿透气、冬暖夏凉，散发淡淡的藤香

北宋欧阳修等人编修的《新唐书·地理志》中有这样的记载："广州南海郡中都督府，土贡：银、藤簟、竹席、荔枝……"其中"藤簟"便是用藤皮编织的席子，冬暖夏凉，透气舒适。本节我们就走进广东省佛山市南海区大沥镇的黄岐八乡，一睹南海藤编芳容。

黄岐八乡，指的是沙贝、凤岗、白沙、冲口、陈溪、永澄、泌冲、钟村八个自然村。因这一带出品的藤编做工精致，深受人们喜爱，黄岐八乡也被世人誉为"藤乡"。黄岐八乡做藤师傅的手艺各有所长，有的擅长藤皮加工编织，有的擅长藤芯编织。做藤师傅对藤条进行精细改造，用藤皮编织成长幅，如同布匹般，称之为藤笪，可用于室内装饰或制作家具。藤制品包括藤席、家具、玩具、装饰品等，品种多达8000多个花色品种！

藤艺匠人在得到原藤之后，首先要经过打藤（去藤节）、洗藤、晒藤、拣藤、刨削藤等工序，让材料光滑、整洁。随后加工出藤皮、藤芯两种核心材料。藤皮相对扁平，有点像竹条，将藤皮进行长短、薄厚的修整之后，用于藤笪、藤席的编织。接着，匠人按照一定的经纬排布顺序，可编织出不同的席纹，其精巧、美观程度，与艺人的编法有着直接的关系。其中，藤笪上会排布着镂空的花纹，如果空洞大小不一，排列歪七扭八，自然不会被人们喜欢。精美的手工藤笪上往往有标准整齐的图案，由此可见藤皮的修整水平与艺人手头功夫有多么高超。藤芯往往被加工为粗细一致、表面整洁的圆条，与宽扁的藤皮交错编织起来，根据藤芯穿插捆扎方式的不同，也会形成不同的表面纹路。藤家具则是用藤料编织包裹在家具的表面，再进行上漆、染色等工序。这层藤衣冬暖夏凉、防水耐磨、美观雅致，可以说置于寒室不觉其奢，布于华堂不觉其陋，贫富咸宜、雅俗共赏，这也是藤家具历来畅销的原因。

藤织物更是纷繁多样，从手提篮、罐、盒，到镜架、杯套，皆可以藤编修饰，为生活增添审美情趣。像杯套这一类是对藤条隔热保温特性的充分利用，颇具实用性。甚至还有一些藤编玩具，比如动物、汽车等，在艺人精湛的编织手法下惟妙惟肖。在早期的时候，如此复杂的工序往往用一把"开藤刀"就可完成，而今天，已经发展出了包括刀、锯、喷灯、转子、

藤家具风格古朴粗犷，富有天然情趣和时代气息

藤编的器具——开藤机

洗藤机、开藤机、织藤筐机、穿花机等诸多器具，帮助人们做出更加精美的藤编制品。

清代屈大均《广东新语》中有这样的描述，"大抵岭南藤类至多，货于天下。其织作藤器者，十家而二"。一语道破藤编的销路之广，还有其与岭南民众的联系之深。藤作为一种纯天然原生态的绿色植物，其加工后的成品不含有害化学物质，在今天也恰好迎合了回归自然、绿色健康的新时代需求。与自然合作从而衍生出美好富足的生活，这既是自然的慷慨馈赠，也是人们智慧才气的凝结，一件藤编制品能让我们感悟的太多。同学们想一想，如果让你为自己挑选一件藤编物件，你会选择清凉实用的藤席坐垫，还是美观典雅的藤织工艺品呢？

植物名片

白藤　*Calamus tetradactylus* Hance

棕榈科省藤属攀援藤本植物，是陆地上最长的植物，最长可达500米。茎细长，有的小酒盅口那样粗，有的较细。叶羽毛状，叶面上长有尖刺。果长圆形，紫色，多脉。花冠淡紫色、玫红色至白色。白藤生长需要具有一定郁闭度的森林环境，但成藤后又能忍耐全光照条件，在我国多分布在广东、广西、福建等地。

莞香制作技艺

莞香制作的植物朋友——莞香树

莞香树，是中国树木中唯一以东莞地名命名的树木，种植历史悠久，宋朝已普遍种植。经人工作用于莞香树，可以得到制作莞香的原料，再进行多道工序，最终制成莞香。莞香在明清时期是专供朝廷的贡香，名扬天下。相传古时莞香的清理洗晒工作由香农的女儿们负责，她们会挑选上等莞香藏在身上，拿到墟市换取饰品、脂粉，因此，莞香又有一名为"女儿香"。

由莞香研磨来的香粉制成的线香　　用莞香树木材制成的手串

　　同学们一定听过一个词叫"焚香沐浴"，古代文人雅士无论是居家生活，还是弹琴品茶，总会以焚香沐浴的方式以示尊重与虔诚。本节我们要认识的莞香制作技艺，其中的莞香便是熏焚香时所用的上等香料。另外，对中国传统文化有所了解的同学，也一定听说过"沉香"的大名，一般的沉香价格都堪比黄金，精品沉香每克更是动辄成千上万。而莞香，指的就是广东东莞一带产出的沉香。那么如此有神秘文化色彩与高昂市场价值的香料究竟为何物？让我们赶紧走近莞香制作技艺，揭开它神秘的面纱吧。

　　莞香不是简单地砍伐获得的莞香树的木材，而是莞香树在受伤后，被真菌侵入寄生，通过一系列变化分泌出的香脂沉积而成的固态晶体。所谓的树受伤，开始是自然的树木被雷击、虫蛀等外力造成创口，后来则是人为所致。东汉杨孚的《交州异物志》就有这样的记载："蜜香，欲取先断其根，经年，外皮烂，中心及节坚黑者，置水中则沉，是谓沉香。"可见，早在东汉，先民们就已经参破了沉香的奥秘，找到了生产之法。

莞香树的创口上沉积香脂的过程，叫作"结香"。经过研究发现，莞香结香有个特点就是土地既不能太肥沃，也不能太贫瘠。不能太贫瘠好理解，树木本身都营养不良，又怎能经受住伤口的摧残；不能太肥沃，是考虑到如果土地太肥，那么树木的创口能够迅速愈合，也就难以结出又大又好的香料了。东莞一带的土地无论是肥沃程度，还是真菌含量，都非常适合结香，这也是莞香尤其出名的原因。自唐代起，莞香就已盛名在外，成为"天下第一香"。

要制作品质优良的莞香，可不是容易的事，从栽种莞香树开始算起，10年都算快的。莞香树3月开花，6月花谢结果。寻找到品质纯正的野生莞香树，才能得到优质的种子，经迅速发芽、育苗一月左右，便要进行第一次移植，将幼苗移植到营养袋中精细培养。

等到次年的2至3月苗长高到30厘米左右时，就可以开始第二次移植。这次要将树苗栽种在黄土沙石相杂、坚实而瘦的土壤中。如此再过3至5年，树苗直径长到5厘米左右时，进行第三次移植，这次是为了促使根系生长旺盛，提高树苗吸收水分和养分的能力，加快香树的长势。

7年树龄的莞香树，树干直径可以达到20厘米，树内油脂已经非常丰富，此时在主干高度2米左右拦腰斩断，以抑制其继续向上生长。拦腰斩断一年后的3月时，再将根系斩断，只保留约30厘米的根部，用浅浅的泥土掩盖。

再让莞香树生长1—2年，又是一年的3月，进行第四次移植，并采用"饥饿种植法"，令其长期处于饥饿或半饥饿状态，避免根系深生，使其营养不良，免疫力逐渐下降，易于感染真菌。与此同时，斩断、修剪主干外的旁枝梢叶，独剩光秃秃的主干，削弱其吸收能力。如此算来，光是莞香树的培养，就已经过了10年光阴了，而莞香的制作，还远不只如此。

一般树龄7到8年后，每年12月用凿、锯、刀等工具在树干合适部位进行人为损伤，称为"开香门"。开香门利于真菌入侵、感染和繁殖，从而有利于形成香脂。在这个过程中，可以运用诸如刀砍法、凿洞法等9种技艺，经验丰富的师傅能够根据不同的需要，采取不同的手法。

沉香树结香后，就可以采香了。香农们还会举办采香仪式，向神灵祈福，祈求收获高品质的沉香。根据香农的经验，农历十月采香，香气最为纯正，凿下含香脂的木块，这就终于得到制作莞香的原材料。而剩余的根木，香农会继续修枝、断根、开香门等环节，循环往复，直至本体枯干。

原材料采集完毕后，并不像檀香等可直接焚用，要让这些香材真正变成闻名遐迩的莞香，还需经历理香、拣香、窖香、

开香门

合香等工序。

理香：即用传统工具去木留香，用铲将香材上的大面积白木除去；之后用钩子对残余的白木进行细致的二次去除。经过这道工序后，香材上所保留的黑色部分，才是我们真正需要的莞香。

拣香：按照形、质、色、味、蕴的不同，分拣加工后的莞香，分别放置到香料贮藏罐中备用。

窨香：是对莞香进行"熟化"的过程，让分拣好的莞香在罐中贮藏一定时间，去除木本杂味，令香气圆润、纯厚。

合香：窨香完成后，罐中之香料可直接用于熏香，也可以按照一定比例混合4到6种不同名目的莞香，使香气层次感更加丰富，品之令人神驰。

至此，"天下第一香"才算完工。

莞香，作为东莞重要的文化符号，通过一代又一代香农的一个又一个10年耕耘，才终于将这飘香千年的精品香料传承至今。近几年东莞市政府十分重视发掘地方特产，将莞香树作

理香

为标志性植物大量繁育推广种植，久违的莞香"香"遍莞邑大地。也许我们早已没有了焚香的生活习惯，但中国香文化浓郁的历史文化却沉淀了下来。看香炉中微火慢燃，炉上青烟绵长，香气沁人心脾，让人凝神静气、悠然惬意。

植物名片

莞香树　*Aquilaria sinensis* (Lour.) Spreng.

又名土沉香，瑞香科沉香属乔木，属国家二级保护植物。花期为每年3至4月，种子成熟期在6月。从育种、培植，到小苗长大成树，需6至7年时间。莞香树一般高8—15米，枝繁叶茂，郁郁葱葱。

三

美味的旅途

Chapter 3

　　这一站，同学们要大饱口福了。常言道"民以食为天"，食物在我们生活中的地位与重要性不言而喻。要论文化传承的载体，食物当然不会缺席。非遗的美食究竟滋味几何，邀君共同品味。

潮汕橄榄菜制作技艺

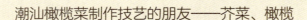

芥菜

潮汕橄榄菜制作技艺的朋友——芥菜、橄榄

芥菜，中国家庭餐桌上最常见的蔬菜。芥菜是一种一年生草本植物，茎直立，叶宽大，高30—150厘米。水东芥、高油菜、雪里蕻等都是芥菜的变种。叶可煮食或腌制后食用。种子磨粉称芥末，为调味料；榨出的油称芥子油。本种为优良的蜜源植物。

另一位朋友——橄榄，也叫青橄榄。果肉味涩，久嚼微甜，可生食或渍制。元代洪希文有一首《尝新橄榄》诗，对于不太了解橄榄的人，是值得一读的："橄榄如佳士，外圆内实刚，为味苦且涩，其气清以芳。侑酒解酒毒，投茶助茶香。得盐即回味，消食尤奇方……虽云白霜降，气味更老苍。"橄榄的色、形、味、用，都在诗中了。

橄榄

　　终于来到了美食篇，不知道同学们都有着什么口味偏好，但如果有来自广东潮汕地区的同学，那我们第一节要品尝的这道菜一定在他们的"好吃榜"前列。这是很多漂泊异国他乡的"潮人"放不下的味道，以"思乡菜"的美名漂洋过海，登上了世界各地的华人餐桌。思乡菜，思念家乡时想吃的菜，吃了以后会想起家乡的菜，它就是潮汕橄榄菜。

　　橄榄菜，是潮汕地区几乎每餐必备的，由芥菜叶、生橄榄经过盐腌等工序加工而成。菜色乌黑发亮，口感"鲜、爽、嫩、滑"，除了可作为下饭咸菜，人们还会将其加入其他菜的炒制中，经过橄榄菜调味的菜品会产生一种难以形容的油香美味，让人赞不绝口。

　　这道风味小菜背后，还有一段小故事。潮汕一带夏天时经常会刮台风，而橄榄往往要冬季才成熟，所以每当台风来临时，橄榄都还色青未熟。这时的青橄榄有一个别称，叫"橄榄花"。大家非常惋惜被风雨打落在地的橄榄花，试着去品尝，发现它们此时吃起来味涩，难以下咽，也就只能望果兴叹，祈祷不要再有这么大的风雨。

　　一位巧媳妇也十分痛惜橄榄花，她背起箩筐将一地的橄榄花拾掇起来，想着回家怎么处理。当时家家户户都会腌制一大缸咸菜平日里下饭用，而腌咸菜往往需要一个密封的环境，所以会在咸菜缸上压上几层宽大的芥菜叶。巧媳妇想着终究也是"废物利用"，不必浪费芥菜叶，随即取了几片压缸的芥菜叶，与橄榄花一起切碎后置于锅中翻炒，却意外地尝到了独特的风味。此后，随着烹制技艺的整理改进，潮汕橄榄菜制作技艺也终于成型。

　　完整的橄榄菜制作过程是这样的：将芥菜叶和青橄榄果用盐腌渍30天后，用清水洗净褪淡，去除杂质；然后将菜叶切碎脱去水分，橄榄果油煮后，将两种原料放在锅里，加入食用油，用猛火和文火焗煮7小时，经过高温，橄榄汁的酸性和咸芥菜的碱性，会相互中和，菜、果慢慢由绿色变成乌黑。最后再

捡拾橄榄

按比例添加食盐、芝麻油、油炸蒜末等辅料，停火后加适量味精即可。整个制作过程，火候控制及翻炒的手法十分关键，直接关系到成品的风味和保质期。

潮汕地区餐桌上的小菜，之所以会传出"思乡菜"的美名，除了菜品本身可口的风味，是有一定的历史原因的。潮汕地区是目前我国华侨数量最多的地区之一，这是因为，一方面，潮汕一带地处沿海，随着航运技术的发展，下南洋做生意便成了这一带的常事，这是主动的人口迁移。另一方面，在鸦片战争时期，西方打通了广东一带的通商口岸，除了商品贸易，他们更将黑手伸向了我族同胞，以廉价劳动力的输出进行人口交易，这是被动的人口迁移。海外潮人身处异国，每每尝到橄榄菜时，便想起了家乡的味道，也让这道小菜多了几分沉重的味道。

芥菜、橄榄盐腌

水洗褪淡去杂质

菜叶切碎

橄榄油煮

猛火翻炒

今天，在商场、超市等都可以购买到正宗潮汕风味的橄榄菜，这得力于现代化企业对这门传统菜品的继承与发展。不过，现代生产线改变的只是原先繁琐的人工劳作方式，不曾改变菜品遵循古法烹制的品质和潮州人民勤劳俭朴的美德。

植物名片

芥菜 *Brassica juncea* (L.) Czern.

十字花科，芸薹属一年生草本植物，高可达150厘米，幼茎及叶具刺毛，有辣味；茎直立，茎下部叶较小，边缘有缺刻或锯齿。花黄色，萼片淡黄色，长圆状椭圆形，直立开展，3—5月开花，5—6月结果。作为中国家庭最常见的食用性植物，各地均有栽培。

橄榄 *Canarium album* (Lour.) Raeusch.

常绿乔木，高10—20米。生于低海拔的杂木林中，多为栽培。秋季果实成熟时采收、干燥。果实纺锤形，两端钝尖，长2.5—4厘米，直径1—1.5厘米，表面棕黄色或黑褐色，有不规则皱纹。果肉灰棕色或棕褐色，质硬。

蛤蒌粽制作技艺

蛤蒌粽制作技艺的朋友——假蒟蛤蒌

假蒟蛤蒌在广东湛江地区被称为蛤蒌，是普遍生长于湛江地区的一种野生食材。据《本草纲目》记载，蛤蒌有缓解头痛、鼻渊、牙痛和散浮热及滋阴补肾、暖血暖胃、祛湿的食疗功效。除了风味独特、能够滋补外，蛤蒌还能让粽子的保质期延长。

风味独特的蛤蒌粽

　　尝了咸菜，我们来点儿主食。粽子大家并不陌生，但"蛤蒌"二字，怕是未必了解——其读音听起来像英文Hello，倒也好记，而意思呢，根据清代《雷州府志》中的说法，得名蛤蒌，是因其外形酷似蒌草，又特别适合用来烤田鸡，而田鸡的俗名就叫蛤，故称其蛤蒌。

　　蛤蒌粽，是在传统粽子中加入蛤蒌叶碎，因为风味和食疗效果俱佳，所以自成一派。打开刚出锅的蛤蒌粽的粽叶，清香扑鼻，肉馅粽混合上蛤蒌叶特殊的辛香味，比起一般的肉粽更沁人心脾。一口咬下去，肉的肥腻、糯米的湿热，在蛤蒌叶碎的异香中得到了恰到好处的中和，显得愈加美味。鲜美之余，蛤蒌粽具有暖血、暖胃、祛湿、祛热毒等食疗功效。因此，蛤蒌粽深受湛江雷州一带居民的喜欢。

　　事不宜迟，让我们一起学做蛤蒌粽吧。

　　要做蛤蒌粽，挑选蛤蒌叶自然是第一步。一般要选用蛤蒌叶的第2—5节的嫩叶，将其洗干净，煮一下，再晾干，然后用刀剁碎，蛤蒌叶便准备好了。而包粽子的竹叶也不能缺，挑选宽大完整的叶片，将叶片煮一下清洗晾干备用。随后热锅，放少许油、蒜末，炒香后把剁碎的蛤蒌叶放入锅内炒至熟，然后混合在糯米里，根据自己的口味加入配料。值得注意的是，

采摘蛤蒌

包蛤蒌粽

瑶柱　蛤蒌叶　腊肠　咸蛋黄

咸肉

去皮绿豆

蛤蒌粽的配料

为了保证粽子的口感，淘米时的速度一定要快，尽量不要让米吸入水分。用筲箕把米沥干，稍微放一会儿，加入适量酱油、盐。粽子以猪肉馅为主，将猪肉去掉皮洗净，肥瘦分开，切成肉块，肥瘦比例以1∶2较为合适，再往肉里加入料酒、酱油、盐和少量糖，腌制一会儿便可以开始包粽子。

最后，把粽子放进锅里，加入淹没粽子的水量，大火先煮1小时，再用中火煮1小时，喷香的蛤蒌粽便出锅了。

在今天，制作精美的蛤蒌粽，馅料中要加入瑶柱、虾米、花生、红豆、绿豆、咸肉、咸蛋黄、切碎的蛤蒌叶等食材，选用当地产的糯米和纯正花生油，以野生簕古叶、竹叶等包裹，这样的蛤蒌粽外形别致、风味独特、健康养生，深受食客青睐。小小的粽子里包裹的不只是民间烹饪对味道的追求，更是劳动人民充分搭配食材疗效的智慧。

植物名片

假蒟蛤蒌 *Piper sarmentosum* Roxb.

又名假蒌、山蒌等。胡椒科胡椒属植物，多年生、匍匐、逐节生根草本。小枝近直立，叶顶端短尖，基部心形，背面沿脉上有些极细的粉状短柔毛；叶柄长可达7—10厘米。花单性，雌雄异株，穗状花序与叶对生。花期4—11月。主要产于广东、广西、福建、贵州、西藏等地。生于林下或村旁湿地上。

遂溪制糖技艺

遂溪制糖技艺的朋友——甘蔗

甘蔗中含有丰富的糖分、水分，此外，还含有对人体新陈代谢非常有益的各种维生素、脂肪、蛋白质、有机酸、钙、铁等物质，可以说除了作为制糖的原料，其本身也是非常好的食品。不过，要注意的是，食用蔗和制糖用蔗有各自的专属品种。果蔗是专供鲜食的甘蔗，它具有易撕、纤维少、糖分适中、茎脆、汁多味美、口感好以及茎粗、节长、茎形美观等特点；糖蔗因为含糖量较高，主要用作制糖的原料，一般不会直接食用，因为糖蔗皮硬纤维粗，口感较差，只有在产区的人偶尔鲜食。

甘蔗和块糖

　　主餐过后，我们该来点"甜品"了。本节我们去广东遂溪，尝尝2000年前就出名的蔗糖。东汉杨孚在《交州异物志》中说"交趾产蔗制石蜜"。东汉距今近两千年，交趾作为古代地名，遂溪便隶属其中，而"蔗制石蜜"风味如何？就得我们亲自品尝一下了。

　　遂溪制糖技艺，是将甘蔗加工为成型的片糖、块糖等糖制品的传统技艺。此工艺已历经千百年的传承发展，所出品的糖色泽鲜明、不焦不结、品相俱佳，深受国内外市场青睐，遂溪县也因此得名"中国第一甜县"。这门传统技艺在古书中记录为"石辘榨蔗，锅灶熬糖，瓦器分蜜"十二字，但实际操作起来却远远不是这么简单，让我们一起走进糖寮（传统制糖作坊），看看甘蔗如何变糖吧。

　　传统的糖寮一般需要15人，其中负责榨汁5人、熬糖5人、烧火1人、切糖1人、杂工3人。从人员分工，我们也能大概知道制糖的步骤了，传统制糖流程共有6道工序，15人的工坊差不多每天可以进行7至9轮。

　　杂工首先登场，把收割回来的甘蔗，削净叶、去掉头尾、清洗晾干，所选甘蔗生长6个月以上为佳，此时的甘蔗含糖多，出糖量高。准备好原料，榨汁工便可以开工了，将备好的甘蔗送入石辘（中间凸出，状如狮子鼓，两个一组竖起，通过转动，用鼓面进行挤压或研磨），然后赶牛牵动石辘。通过石辘的互相挤压，从甘蔗中榨出蔗汁。蔗汁沿辘流至底座，经过竹

九锅连环熬糖

筒流入大瓦缸内，静置沉淀30分钟后，即可进入熬糖工序了。

　　熬糖是遂溪传统制糖技艺最重要、最核心的部分，决定了做出的糖成色好坏和质量高低。制糖师傅都有自己的心得经验，有眼看、手摸、鼻嗅等诸多技巧。煮糖用的九口铁锅一字排开，因此这一步也叫作"九锅连环熬糖"。九锅大小不一，靠近灶头的锅头较大（直径约1.2米）也叫头锅，灶尾的较小（直径约0.7米）。先将沉淀过滤后的蔗汁倒入头锅，开始熬糖，一次约500斤，待蔗汁煮沸后，继续煮约20分钟，捞出蔗汁上面的糖泡和漂浮物，待蔗汁中的水分蒸发，煮到还剩下约300斤时，将蔗汁用长柄铁勺舀至第二口锅中。此时，师傅可根据浓度和水分含量情况，加入少量石灰将蔗汁澄清。二锅煮沸10分钟左右，蔗汁约剩250斤时，舀入第三口锅中。

　　如此转移，当蔗汁到第六口锅中时，已变为较浓的糖浆，剩下约200斤。从第六口锅开始到第九口锅，每口锅需熬制3—5分钟，主要是调节糖的颜色、浓度和成熟度。此阶段由于糖浆浓度较高，煮沸时容易起泡，可适当加一点花生油，防止爆沸。经过蒸发，糖浆被熬煮成较浓的浅黄色。

　　当到第九口锅时，糖浆变为蛋黄色，剩下160斤左右，经过"九锅连环熬"，糖已制成，最后由切糖工根据需要做成不同的样式，便可打包售卖了。

　　做红砂糖，要将最后的糖糊取出，分三次注入瓦漏里，静置至糖浆结晶后，打开瓦漏底的小孔，让糖液慢慢流出，最后剩下纯晶体的糖，用一块硬质长木条将其搓碎成粉。块糖、片糖等也均有各自的切割方法。

传统的制糖器具——瓦漏

　　这套制糖流程，在现代科学的视野中，也许是简单的榨汁蒸馏结晶法，可是放在历史长河之中，却能折射出千百年前的人类智慧。糖，在今天是非常不起眼的生活物资，这是技艺的传承与发展带给今天社会的福祉。"石辘榨蔗，锅灶熬糖，瓦器分蜜"这十二字，不在技法，而在精神。

创红糖粉

植 物 名 片

甘蔗　*Saccharum* officinarum L.

　　禾本科甘蔗属，多年生，高大实心草本植物。根状茎粗壮发达。秆高3—5米。适合栽种于土壤肥沃、阳光充足、冬夏温差大的地方，我国广东等南方地区广泛种植。是全世界热带糖料生产国的主要经济作物。

肇庆裹蒸制作技艺

肇庆裹蒸制作技艺的朋友——柊叶

柊叶可谓浑身是宝，它的根茎可供药用。在广东肇庆的西江两岸的山谷、溪涧之间多产柊叶，当地百姓利用柊叶叶面宽大等特点，用它包裹糯米和配料等，做出别具一格的肇庆特产——裹蒸。

四角山包形的裹蒸最常见，也有枕头状的

　　明清时人屈大均说："有柊叶者，状如芭蕉叶，湿时以裹角黍。"角黍就是粽子。又说："物易腐败，唯柊叶藏之可持久。"在很久之前，肇庆百姓已发现，柊叶不但叶面宽大，还有防腐、保鲜的特点，用柊叶裹以大米，煮熟后随身携带可作干粮，农民就算上山劳作好几天都不愁饿肚子。这就是最早的裹蒸。小小的生活智慧，是悠久历史经验的积累。

　　在关于肇庆裹蒸的传说中，并非如端午粽提及纪念屈原，而是有关包公。相传包公当年在肇庆为官清廉，当他离任时，百姓制作裹蒸为他送行。肇庆裹蒸是人们希望生活蒸蒸日上的吉祥食物，肇庆人有在春节期间包裹蒸的传统，清代诗人王仕祯有诗赞肇庆城乡除夕煮裹蒸的盛况："除夕浓烟笼紫陌，家家尘甑裹蒸香。"如今，裹蒸不但是肇庆人的餐桌美味，而且成为到肇庆旅游的必买手信。

　　裹蒸的制作也颇为讲究。先要准备水草和柊叶，水草经过沸水烧煮，变得颇具韧性，且易于包扎，柊叶最好选用老叶，也要经过烧煮，去除叶上的涩味，才能进行包裹。

开炉裹蒸

包裹的食材，传统以糯米、绿豆、腌制的五花腩猪肉为主料，吃时用芝麻、香料等调味，包裹时以5∶3∶2的比例先后放上糯米、绿豆和猪肉，依照柊叶包糯米、糯米包绿豆、绿豆包猪肉的顺序包裹为四角山包形或枕头状，每个裹蒸将近0.5千克。最后，煮10个小时便可上桌食用。

包裹蒸需要模具，传统用尖顶大竹帽，现在多用专用模具

　　裹蒸的吃法也颇具特色，当地人通常是将热气腾腾的裹蒸从锅里取出，拆开柊叶，加入切碎的芫茜、葱和炒香的芝麻粉，再加上几滴土榨花生油和酱油；而另一种吃法是将柊叶打开，裹蒸蘸上蛋浆后用猪油煎至金黄，表皮香脆，再加上述配料食用，同样味道鲜美。民间最喜欢吃的还是新鲜出炉的"开炉裹蒸"，不加任何调料，直接食用。新鲜出炉的裹蒸，久经煲煮的柊叶已变为深绿色，糯米表层吸收了柊叶的叶绿素，呈现一层通透的浅绿，柊叶与糯米、绿豆混合，其味甘香，口感软滑。

　　现在，除家庭制作外，裹蒸已进入专业化生产；除了传统的糯米、绿豆、猪肉馅裹蒸外，还发展出更具营养的黑糯米馅裹蒸等新品种。精美的包装、丰富的内涵，裹蒸已经走出肇庆，远销海内外。

植物名片

柊叶　*Phrynium rheedei* Suresh & Nicolson

竹芋科柊叶属多年生草本植物。株高可达1米。叶基生，长圆形或长圆状披针形，叶柄可达60厘米。花冠紫堇色，5—7月开花。其多生于密林的阴凉潮湿处，喜温暖潮湿气候。原产我国，多分布于广东、广西一带。

老香橼（佛手瓜）制作技艺

老香橼（佛手瓜）制作技艺的朋友——佛手

　　佛手是芸香科植物香橼的变种，它的果实就像一双合十拜佛的手一样，手掌、手指都清晰可见，因而得此名，也增添了几分吉祥的寓意。在广东潮汕地区，佛手被称为"佛手瓜"。如此奇异的水果，经过加工，可变成风味独特的凉果珍品，陈年佛手更是陈香四溢、滋补养生，尤其具有去脂减肥、消痰止咳的功效。目前，佛手的生产加工主要分布在广东省普宁市西部及揭西县东南部山区一带。

佛手，是香橼的一个变种，因此佛手也叫老香橼。明代何乔远撰写的《闽书》中，便有对佛手香橼的描述："香橼，气芬郁袭人衣，又有形似人手者，名佛手香橼。"每年的七到八月，佛手成熟，色泽金黄，香气四溢，通常用于闻香或观赏。聪明的古人不断探索，发明了复杂的加工方法，激发出佛手更大的食疗价值与更多的食用风味，这便是——老香橼（佛手瓜）制作技艺。

首先，工人们将采摘回来的成熟佛手充分清洗之后，放入腌制池中，一层佛手，一层盐，如此直到放满池中，压上竹板与石头，腌制至少要一年以上。

经过一年的腌制，佛手色泽乌黑，充满水分。随即要在太阳下晒至含水量15%左右，留有一定水分有利于果实的进一步软化。然后，将晒好的佛手进行7—8次漂水这道工序一般耗时超过一天。这一步，可以将盐分和果中的苦

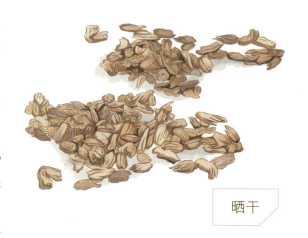

晒干

涩成分随水排出，让果香更纯。如果漂水时间太短，盐分排不干净，佛手就会变得咸涩，但要是漂水时间太长，会造成果体破损，所以需要工人有丰富的掌控经验，根据果品及时调整漂水时间的长短。

随后，要进行喂料，将漂洗后的佛手放入腌制桶，加入甘草、十七香等配料，通过腌制，为佛手瓜增添风味。喂料也是个漫长的过程，第一次要腌制半年左右，随后捞出，蒸煮，煮

到用筷子能轻轻插入果实为好，等果实降至常温后，再放回腌制桶中，继续腌制半年。最后，捞出晒果，将水分控制在20%—25%之间，佛手制作完成，分装入坛，便可出品。这样的一套工艺下来，佛手可以存放二十至三十年。

蒸煮佛手的器具

佛手在潮汕一带是家喻户晓，它不但有舒肝理气、消食化痰、止胃痛等功效，还有改善免疫力、帮助排毒的功效。至今，还发展有佛手凉果、佛手酱、佛手甘油、佛手酒等以佛手为材料的产品。传承数百年的古法技艺于今日开出了新的花朵。

分装入坛，放入仓库理化，纯化产品可食性

制好的佛手可直接食用，也可煮水冲喝

植物名片

佛手　*Citrus medica* L. var. sarcodactylis Swingle

　　芸香科柑橘属香橼的变种，叶、花和植株形态与香橼难以区别，但果实在成熟时各心皮分裂，形成细长弯曲的肉条，果皮甚厚，状如手指，故名佛手。又称佛手柑、五指橘、蜜罗柑、五指香橼。通常无种子。花、果期与香橼同。佛手香气浓郁，用于制作陈年佛手等保健食品，美味又健康。

知识拓展：

香橼　*Citrus medica* L.

　　芸香科柑橘属，不规则分枝的灌木或小乔木。新生嫩枝、芽及花蕾均暗紫红色。叶片椭圆形或卵状椭圆形，叶缘有浅钝裂齿。总状花序有花达12朵，花瓣5片。果椭圆形、近圆形或两端狭的纺锤形，重可达2千克；果皮淡黄色，粗糙，难剥离；果肉无色，近于透明或淡乳黄色，爽脆，味酸或略甜，有香气；种子小，平滑，子叶乳白色，多或单胚。花期4—5月，果期10—11月。长于海拔350米到1750米的高温多湿环境中。我国多产于广东、广西、云南等省区。

豆豉酿制技艺

豆豉酿制技艺的朋友——黑豆

黑豆易于消化，富含蛋白质，对满足人体对蛋白质的需要具有重要意义；其脂肪含量16%，主要含不饱和脂肪酸，可吸收率高达95%，除满足人体对脂肪的需要外，还有降低血液中胆固醇含量的作用；还富含维生素、微量元素等营养物质，具有保持机体功能完整、延缓衰老、降低血液黏度、满足大脑对微量物质的需求等功效。

豆豉能给菜肴添加更加丰富鲜美的风味

　　豆豉虽小，但能"和"百味，对于食品烹制稍有了解的同学，一定非常容易理解这句俗语。豆子作为五谷之一，是其中的"菽"，而豆豉也有一个对应五谷的古名，叫"幽菽"，意思是幽闭发酵的豆子。在广东，以罗定豆豉和阳江豆豉最为出名，它们的制作技艺也都列入了省级非物质文化遗产代表性项目名录，我们一起来了解一下吧。

　　罗定与阳江相接，地处一脉，相似的地理环境，让它们都盛产黑豆、黄豆，那能同时孕育出独特的豆豉酿制技艺，也就不奇怪了。

　　要做出美味的豆豉，豆子的筛选是第一步，无论是阳江还是罗定产的黑豆都颗粒饱满，大小均匀，皮薄肉多，做豆豉都是不错的选择。挑选优质的黑豆，清洗、浸泡之后，上锅蒸至八分熟，备用。

　　要发酵豆豉，制曲是最关键的一步，"曲"在民间认知中就是发霉生菌得到的曲霉。古时候食物保鲜技术不发达，经常发生食物霉变的事，霉变发生之后在一些机缘巧合之下，人们发现

筛选优质黑豆

煮豆

把煮好的豆放进发酵房进行制曲

发霉制曲

洗曲

配料装坛

了经曲霉发酵的食物具有独特的风味，并由此发展出食物发酵技术，我们熟知的酒、醋、臭豆腐等都是来源于发酵技术。

罗定豆豉有一个起源故事。相传古时候，财主家中的豆子发霉长毛了，便施舍给乞丐。乞丐得到豆子后，把它们装在罐子后就忘记了，直到想起时打开罐子，才发现一罐"腐食"变成了美味的豆豉。

说回豆豉酿造，"制曲"便是培育能够产生丰富蛋白酶、淀粉酶等的微生物的过程。经过长时间的发酵，菌丝结饼，进而变成黄绿的孢子，这便是用来发酵豆豉的豆曲了。

刚做好的豆曲还要经过细致的清洗，洗至没有黄水、用手抓不成团为宜，此时豆曲中的苦涩味、霉馊味也一并被去除，然后放置备用。

有了豆，有了曲，要将它们转移到发酵场所——装坛。装坛时，除了按照比例加入豆子、豆曲和大量食盐外，还要根据风味需求，加入配料。像罗定豆豉，就还要加入姜汁、白酒等料调配。从"幽菽"一词我们了解到，豆豉的制作要放在一个密闭的环境中，因此在装坛时要保证坛子装满，再用油纸、莲叶等封好坛口，保证密封。

开坛晾晒

　　装好坛后，豆子开始发酵。发酵时间、方式决定了豆豉的风味。阳江豆豉大约发酵一个月，随后要开坛倒出，摊平在阳光下晾晒，根据季节晒5—8小时后，囤积起来，再放置5—7天，豆豉表面变得油润光亮，这便算大功告成了。而罗定豆豉的发酵，要更久些，要放置一年以上，才能开坛晾晒。

　　然而，曲霉家族中也有一些对人类有害的种类，如黄曲霉。因此考虑到大家的饮食安全，这种霉曲发酵类的食物在出品的时候还要经过严格的抽样检验，对其卫生状态、风味品质进行评估，符合出品要求的产品，方可包装出品。

　　从无奈丢弃，到发现美味，再到钻研出健康安全的发酵技术，乃至今天形成丰富多样的发酵食品体系，发酵食物不只是其独特的风味能让我们一饱口福，它更彰显着古代人民的生活智慧。

植物名片

黑豆 *Glycine max*（L.）Merr.

豆科大豆属植物的黑色种子。其植株是一年生缠绕草本，长1—4米。茎枝纤细，叶卵圆形，侧生小叶斜卵状披针形。花小，长约5毫米，花冠淡红紫色或白色。荚果长圆形，稍弯，干时易裂。种子2—3颗，椭圆形，稍扁，长2.5—4毫米，宽1.8—2.5毫米，褐色至黑色。花期7—8月，果期8—10月。黑豆适应性强，耐旱、耐瘠、耐盐碱，在我国各地都有黑豆种植。

四

茶酒药飘香

Chapter 4

　　这一站，芬芳馥郁，异香扑鼻。从酿酒饮茶，到食疗草药，无不兼具桂馥兰香的味觉享受与滋养生息的健康功效。琼浆玉液已斟好，同学们切记不要贪杯。

陆河擂茶制作技艺

薄荷

陆河擂茶制作技艺的朋友——薄荷、芫荽

薄荷，对同学们来说并不陌生，它还有两个别名，即银丹草与夜息香。我们日常使用的都是薄荷的叶子。薄荷在夏末时，还会开出非常小的淡紫色、红色或白色的花。薄荷的野外生命力非常顽强，根耐寒，且不挑土质，一般的土壤都能栽培。但为了培育出富含薄荷醇、芬芳四溢、翠绿喜人的薄荷，还是要让它待在温暖湿润、阳光充足的地方。作为擂茶中的香料之一，即便是最朴素简单的"低配"版擂茶，也要加上那么几片，以增添清香之气。

擂茶的另一位植物朋友就有些特殊了，那就是芫荽。之所以说芫荽特殊，是相比起薄荷的老少咸宜来说，芫荽的接受者并没有那么普遍。芫荽的俗名叫作"香菜"，形状似芹，叶小且嫩，茎纤细，是常见的提味佐料，但也正因为它的香味特殊，无法接受甚至讨厌香菜的人不在少数，那同学们喜欢吃香菜吗？

芫荽

　　我们常说饮食，意味着吃喝向来是不分家的，既然上章我们品尝了非物质文化遗产中的美食，同学们也一定会好奇，有没有什么"饮品"也名列非物质文化遗产名录呢？本章就为大家准备了丰富的"饮品"，供大家一尝滋味。

　　说起饮品，尤其是在广东，煲汤、泡茶自然是家喻户晓了。在第一节我们就带同学们去品尝一道特殊的茶饮，既像汤，又像茶，兼具了汤与茶的特性，不知道有没有同学尝过呢？这种特殊茶饮，就是来自广东汕尾陆河的擂茶。

　　擂茶种类众多，但做法大致相近，第一步是"擂茶叶"，将新鲜茶叶放入擂茶钵中，加入少量温水，用擂茶棍按照一个方向擂动，当茶叶基本碾碎时，再加入熟芝麻，待芝麻也磨碎时，再加入炒花生研磨，至此，擂茶的基本口味就已形成。如果要进一步制作主餐茶、药膳茶，就继续添加配料，一并研成糊状。冲泡时，要将沸水稍稍冷却一下，如果冲泡得太急，则会茶水分离。制作精良的擂茶汤，应当融合均匀，绿色醇厚，令人非常有食欲。冲好之后，搭配各种主食与佐餐小炒进食，有饮有食，极具滋味。

　　按照配料的不同，擂茶主要分为四种。首先是最为常见的"家常茶"，以普通的茶叶、芝麻、花生为主，擂碎冲开后，加

擂茶叶

擂茶丰富的配料

雷公根

艾叶

学老麻

珍珠菜

油菜叶

圆丰

九层塔

芫荽

清洗

薄荷 ——

炒油茶材料

初用时长约1米
的擂茶棍

内壁有粗密沟纹
的陶制擂钵

擂成茶膏

放入开水、盐

入饭、粥等搭配，日常饮食，经济美味，一般多是农忙时简单填饱肚子之用。第二种是"主餐茶"，看名字就知道要当成一顿饭一样来制作，配料自然也就丰富一些，是当地家庭正点餐桌上常见的传统吃法。比主餐茶更加丰盛的，叫"煮油茶"，最早的版本也叫"七样菜茶"，即在制作时加入肉渣、香菜、薄荷、枫树芽等更丰富的配料，还要搭配专门的佐餐小炒，尤其注重"七"的搭配。比如"七菜"——红生菜、芹菜、葱、蒜、芥兰菜、韭菜、艾叶，或者"七荤"——干虾、海米、鲍肉、蹄筋、肉末、鱿鱼丝、火腿，选料讲究，制作精细，花费不菲。还有各种"药膳茶"，如驱风散热"生姜茶"加入生姜、胡椒等配料，调理肠胃"布荆茶"加入焙制布荆等配料，不同搭配，不同功效。

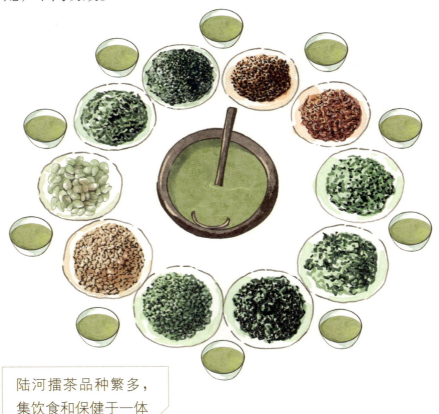

陆河擂茶品种繁多，
集饮食和保健于一体

一直以来，擂茶加上米饭是陆河客家人每天中午的主食。在特别的日子，陆河人还要吃特定的擂茶。正月初七是"开茶节"，家家户户都要在这天中午吃"七样菜茶"。遇婚嫁、生育、乔迁等大喜事时，一般等喜事过后的第三天，要请吃"三朝茶"，还有寒冬腊月时的"米程茶"、好友相聚时的"爆米花茶"等，可见擂茶文化已经与陆河人的生活密不可分。家乡的饮食习俗更重要的价值在于，无论何时何地，都能赋予陆河人最醇厚的家乡温情，在招待外来客人时，也能让他们最直接地感受到陆河独特的味道。

植物名片

薄荷　*Mentha canadensis* L.

唇形科薄荷属的一种多年生草本植物。叶对生，花淡紫色、唇形，花后结暗紫棕色的小粒果，全株气味芳香。薄荷喜温暖湿润、阳光充足的地方，多生于山野湿地，多为野生，广泛分布于北半球的亚热带和温带地区。在我国，薄荷以江苏、安徽两省产量最大。繁殖方式有种子繁殖、分株繁殖和扦插繁殖。

芫荽　*Coriandrum sativum* L.

伞形科芫荽属的一、二年生草本植物。茎为直立圆柱形，有多分枝和条纹，通常光滑。叶片呈回羽状全裂，花色为白色或带淡紫色，果实呈圆球形，花期、果期均为4—11月。芫荽属耐寒性蔬菜，喜冷凉气候，并且耐寒性较强。它对土壤的要求不高，肥沃、疏松透气的沙质土壤为佳，在我国多地均有分布。

梅县客家娘酒酿造技艺

梅县客家娘酒酿造技艺的朋友——糯稻

　　糯米又叫江米，为禾本科植物稻（糯稻）的去壳种仁。糯稻按谷壳颜色、米的颜色可分为红、白两种，也有分为有毛和无毛的。全国各地均有栽培。我们日常吃的普通大米，是稻谷去除谷壳、胚等部分后留下的胚乳。糯米也是如此，不过用的是稻的黏性变种——糯稻。其颖果平滑，粒饱满，稍圆，脱壳后称糯米，外观为不透明的白色，富含蛋白质和脂肪，营养价值较高。

　　喝过了茶，当然不能少了酒。不过，同学们要谨记，作为未成年人，正值身体发育的黄金时期，还是要克制自己，酒精的刺激性对人体有不小的危害，要学会保护好自己。不过，这并不影响我们学习了解中华酒文化，感受非遗的魅力。可以偷偷告诉同学们，今天我们要认识的酒，既能让人们一饱口福，又能强健体魄，这便是广东省梅州市的梅县客家娘酒。

　　客家娘酒，是由糯米发酵来的传统酒种，也叫老酒、黄酒。在客家人的传统中，每一家的妈妈，都会酿制黄酒，逢年过节、婚宴庆生也都要来上那么几杯。于是，在漫长的岁月中，客家人逐渐形成了喝到黄酒，就想起家乡、想起娘亲的情感链接。娘酒之名，便诞生自这份深情之中。客家人中还流传这样一句俗语："酿酒做豆腐，无人敢称老师傅。"可见酿酒技艺之精深，即便做了几十年的老师傅，也不能自大马虎。这传承了数千年的客家娘酒究竟滋味几何，我们这就来近距离感受一下吧。

客家娘酒是由糯米
发酵来的传统酒种

既然是糯米酒，那糯米自然是主角了，尤其是晚季稻，颗粒饱满，蒸出来的糯米饭更软糯、更好出酒。将浸泡一夜的糯米倒入蒸桶中，有时蒸的饭量大，为了保证每一粒米都蒸透，还要一层一层地蒸，等到一层蒸熟，再倒入新的一层生糯米，直到一大桶糯米饭粒粒分明、松散软糯、不糊不焦、不结团，便是最佳的"娘饭"。

洗米

做好"娘饭"，便要开始发酵了。我们之前在豆豉酿造技艺中学习过，这类发酵食品，是利用"曲"的发酵作用，让食材变成新的风味，做豆豉要用豆曲，那酿酒自然也要用到酒曲了。温度，是拌酒曲最重要的指标，如果温度太低，会让发酵非常困难，太高，又会杀死

蒸糯米饭

拌酒曲

酵母菌，一般要让娘饭冷却到三十四五度最为适宜。然后按照1∶20的比例，将酒曲拌入糯米饭中，就可以"拍"入酒缸了。所谓拍入缸中，就是要将酒缸中的糯米饭拍打严实，保证充分发酵。如果是大一点的酒缸，师傅们往往要将头探入才能触底，这时就需要师傅们屏住呼吸拍打，因为呼出的气体会影响糯米的发酵，而任何的杂质都会让糯米变质发酸，只有严格保证过程的纯净，才能得到好品质的娘酒。

拍好糯米后，在中间挖个小洞，撒点拌有酒曲的凉开水，就可以密封了，挖洞是为了方便之后发酵出的酒液汇聚。密封后，还要为酒缸盖上被子，一般要根据人的穿衣件数来决定被子的层数，就好像在照顾小孩子一样，天气转冷，人要添衣时，也要为酒缸加上被子。发酵七日左右，换一个大缸，同样密封起来，再发酵数月就可以取酒。一般发酵两周左右就可以取酒了，但多发酵两三个月，让糯米中的

密封酒缸

淀粉更好地转化为酒精，酒质也会更好。

发酵完后，压榨酒糟，分离汁和酒糟，将糯米酒取出，一般的糯米酒到这步也就算制成了。但娘酒还需要重要的一步——火炙。炙酒时，还可以根据风味需要加入不同的滋补药材，常见的有红曲，可以补气暖胃，也让酒色

经过发酵，可见糯米中间的洞中溢出香浓的酒

变得亮红，看起来更喜庆。火炙要用暗火慢烤，在坛子四周围上稻草，点燃后，为防止稻草生起明火，导致温度太高而烧干酒汁，要在燃烧的稻草上再压上一些谷糠，不见明火，只见浓烟，这就是暗火慢烧。火炙可以灭菌，还可以让娘酒的酒性由

火炙

寒凉转为温热，具有更好的行气活血的功效，酒味也更醇香。最后，将酒静置一周，去除沉淀杂质后封入酒坛，便可随时饮用了。

　　客家娘酒，若直接饮用，具有散寒滞、开瘀结、行血脉、温脾胃、养肌肤等诸多功效，若与食材搭配，比如做娘酒炖鸡，可滋补身体，或者与药材搭配，也可增强药力的发挥，可谓兼具饮食、保健功效。娘酒已经深深烙刻在客家人的日常生活中，无论是家逢喜事，还是请人送客，娘酒都是充分彰显客家礼仪与感情的不二之选。虽然同学们不能饮酒，但从酒精含量低的一些美食中也可尝到娘酒风味，你们心动了吗？

植物名片

糯稻　*Oryza sativa* L. var. glutinosa Matsum.

　　禾本科稻属一年生草本植物，是稻的黏性变种。高1米左右。秆直立，圆柱状。叶鞘与节间等长，圆锥花序疏松，颖片常粗糙，小穗长圆形，通常带褐紫色。颖果平滑粒饱满，稍圆，色较白，煮熟后黏性较大。花期、果期均为7—8月。

　　我国糯稻分布广泛，各主要稻区均选育了符合当地地理、市场环境需要的糯稻品种。北方稻区以粳型糯稻为主，一般为晚稻，较耐寒耐旱；南方糯稻籼型粳型都有，品种类型繁多，尤其是长江中下游和福建育成的糯稻品种较多，产量较高。

新会陈皮炮制技艺

新会陈皮炮制技艺的朋友——茶枝柑

　　新会陈皮便是产自广东新会的茶枝柑的果皮。茶枝柑是柑橘的一个栽培品种，新会茶枝柑的胜出与其地理位置密不可分。江门市新会区，气候温和，热量充足，雨量充沛，湿地居多，土层深厚，土质肥沃，有机质丰富，非常适合茶枝柑的种植。天时地利，加上人工的长期选育，新会茶枝柑柑皮含有的芳香物质特别丰富，尤其适合制作陈皮。经过对比检测，新会茶枝柑陈皮与外地移植品种产出的陈皮所含成分、气味等都差距很大。新会陈皮的美誉实至名归。

同学们知道什么叫作陈皮吗？可能同学会说，陈皮不就是橘子皮吗，这样的表述是不准确的。一般来说，储存没有超过三年的柑皮，只能称为果皮，三年以上才能称为陈皮，而且越陈越香，储藏越久越贵。民谚有云"千年人参百年陈皮"，便是在说这个特性。今天，我们就去新会，一品陈皮的美味。

新会陈皮有着很高的药用和食用价值，具有"药食同源"的特性

同学们已经领略过新会葵艺的风采，古时候，新会的商人在全国很多地方广开商铺，在主营葵扇的同时，还会兼营新会陈皮。新会陈皮的出名，《本草纲目》中有着这样的记载："柑皮纹粗，色黄而厚，内多白膜，其味辛甘……以广中来者为胜。"新会当时是广东陈皮的集中产地。新会作为我国著名的侨乡之一，祖籍新会华侨遍布世界各地，新会人远行时，无论是晕车、晕船，还是水土不服，取出故乡的陈皮泡水或嚼上几口，病气便消。

据新会中医院对中医古典方剂的研究，在856个传统方剂中，用到陈皮的多达267个。除了药用，陈皮在调味烹饪中也大有作为。用陈皮制作的陈皮梅、九制陈皮、蛇胆陈皮等可生津止渴；烹制肉、鱼菜肴加入陈皮，可辟除膻腥味；制作豆沙、豆粥等甜食加入陈皮，清香可口；煲汤加入陈皮，分外芳香。如此美味多效的陈皮，究竟要如何才能得到呢？我们一起去看看就知。

要得到陈皮，那一定要从种植柑树开始。新会陈皮所用的茶枝柑一般头年种植，二年挂果，三年盛产。果实收获期在8—12月。根据收获时间的不同，大体分为四类：农历八月十五前采收，因为果实还未完全成熟，此时做出的陈皮称之为"花皮"；农历八月十五到九月十五之间，果皮透着青色，称之为"青皮"；农历九月十五到十月十五之间采收，已经泛红的柑，称为"微红皮"；农历十月十五以后，柑完全成熟，此时采收的品种，便叫"大红皮"。

得到果实后，需要精心开皮，一般采用正三刀：让果实的果蒂朝下，从果顶向果蒂将果皮剖开大致相等的三瓣，留果蒂部相连，把皮剥开。或者是对称二刀法：果蒂朝上，从果肩两边对称反向弧划两刀成三瓣，留果顶部相连，剥下果皮。

取得新鲜的果皮后，通过自然晾晒或烘干的方式，让果皮脱水，一般50千克鲜柑可收干皮3—3.5千克。最后用透气性能好、无污染的麻袋包装，选择离地、离墙、离顶、通风干爽、不易受潮的地方贮存，进行陈化。陈化过程要注意适时翻堆、返晒，防虫和防霉变，如此看护之下，至少储存三年，才能称为最初级的陈皮，民俗流传"百年陈皮似黄金"，可见陈皮久放之后的价值。

新会人制作、收藏、使用陈皮的传统习俗代代相传，延续至今。每逢收柑时节，家家户户买柑取皮，晒制陈

开皮

陈皮晾晒

皮收藏，留作自用或送友。陈皮冲茶，清润理肺；家中有人咳
嗽，用三个陈皮加一撮黑豆煎服；有将陈皮点燃，淬入花生油
里，如是反复十多次，制成陈皮油，用来擦背，止小孩夜咳；
又有将新会大红柑连皮藏于白糖中，待糖溶化后，用作防治小
儿麻疹。新会人无论蒸鱼蒸肉、炖品煲汤，都爱加入陈皮，形
成了一种独具地方特色的饮食习惯。同学们喜欢食用陈皮吗?

植物名片

茶枝柑　*Citrus reticulata* Blanco ´Chachiensis´

　　芸香科柑橘属，柑橘的栽培品种，也称大红柑。分枝多，
枝扩展或略下垂，刺较少。花单生或2—3朵簇生，花萼不规则
浅裂，花瓣通常长1.5厘米以内，花期4—5月，果期10—12月。
喜温暖湿润气候，怕霜冻。分布于中国广东。茶枝柑的果皮制
干即为中药陈皮，是陈皮正品。

化橘红中药文化

化橘红中药文化的朋友——化州红

化州橘红，也即化州柚，原是野生柚树，吸收了化州当地土质中所含的礞石，又经历了漫长岁月，逐渐进化而成。这种特殊的品种只有在化州境内才有较多种植，由化州橘红制成的中药化橘红自古就有 "每片真者值一金"的说法。

化橘红具有散寒燥湿、健胃利气、消炎止咳的特殊功效，明代以前已普遍为医家处方使用。现代医学也证实了化橘红的诸多药用价值，不仅有止咳化痰、治疗心胃气痛和醒酒功效，还是防治心脑血管疾病、内分泌功能紊乱的原料。

　　同学们已经尝过了陈皮的味道，本节我们来认识另一种柑橘。广东化州素有橘州、橘城、橘乡的美誉，这里有一种特产叫"化橘红"。说到化橘红，我们要从传说讲起。从古至今，在化州民间及周边地区广泛流传着许多关于化橘红的传说，其中有一个是"罗仙植橘"。

　　很久很久以前，罗江西岸上游有位行人，步履踉踉跄跄、虚弱无力，一步一喘。到石龙头时（化州古称石龙），他一步都走不动了，只觉得喉头火燎，胸口气闷。恰好他身边有一个小石坑，坑中有些积水，渴极的他便埋下头去，吸饮而尽。几口水下肚，只觉得浑身舒坦，便靠在一旁睡了过去。不知过了多少时辰，方才醒来，原本非常虚弱的他此刻却觉得喉清肺爽，咳嗽渐止，精神也好了很多。他回想起饮水的石坑，便马上俯身看去，石坑正好在一棵老树的根部，水色青黄，漂浮着

化州橘红的生长环境十分讲究

不少花。再抬头望，老树正开着花，芳香袭人。是了，他非常肯定，是这棵树治好了他的咳病，又想到天下多少人都苦于此病，何不将这树推广种植，为天下人治病！于是，他紧挨着老树搭了一个草棚，每天都剪下老树的枝条，移植到附近的山地，日出而作，日落而息，一做便是9年。此树正是橘红老树，9年间，这个人种的橘红花、橘红果，不知治好了多少患咳症的病人。

有一晚，皓月当空，一只白牛凌空而下，落在种橘人的身边。只见他背起药篓，跨上牛背，顺着罗江而上，带着橘红果、橘红花，为罗江两岸、为天下的人治病去了。后来人们才知道，此人是罗辩大仙。化州民众为了纪念罗辩大仙护橘、植橘之功，便在州城东门侧建了宏伟的辩仙门和华严庵。辩仙门楹联云：韵事忆当年橘树千棵亲手植，仙踪留此地茅庵一所寄身栖。

这种生长在化州地区的柑橘植物，被称为化州橘红，它在这片土地上孕育出丰富的化橘红中药文化。化州橘红每年四月开花，七八月青色的果实长到直径10厘米左右可开始采摘，经过炮制后，切丝或片，就是中药化橘红，《本草纲目》等多部医药著作中均有记载，化橘红具有散寒、燥湿、利气、消痰、消食等诸多功效。

化橘红中药十分注重炮制。有"炮制不严而药效不准"之说，可见炮制的重要性。炮制可分为：修制（纯净、切制）、水制（洗、

化橘红中药炮制技艺虽不复杂，但能利用药材的特点因材炮制，故在悠久的传承中显示出旺盛的生命力

漂）、火制（晒、烘）等几种，化橘红炮制历来讲究遵古仿真，凡学徒进门，必先经过学炮制这一关。

橘红胎（也就是橘幼果）也有妙用。经过特殊的加工，橘果可制成形态各异的工艺品，如橘红壶、橘红瓶、橘红罐等。用这些工艺品装茶、装酒，饮后具有止咳化痰、消除疲劳之功效；同时这些工艺品表面既有花鸟虫鱼，又有山水风景，图案十分优美，有一定的艺术价值。同学们又钟爱哪一种呢？

化橘红原料。采用化橘红原料加工、开发，已生产出系列产品过百种，如橘红痰咳液、橘红丸、橘红中药饮片等

植物名片

化州柚　*Citrus grandis* (L.) Osbeck

芸香科柑橘属常绿小乔木，高3—3.5米。枝条粗壮斜生，幼枝被浓密柔毛，并有微小针刺。叶互生，叶片长椭圆形，叶质肥厚柔软。花极香，花瓣白色，矩圆形。果实圆形或略扁，一般高10—15厘米，宽11—13厘米，柠檬黄色，果皮不易剥离，厚约2厘米；瓤囊16瓣，果肉浅黄色。花期3月，果期8—9月。化橘红中药具有的品质特色取决于化州市内特定的土壤条件和气候环境，所以化橘红为广东中药材地理标志产品。

罗浮山百草油制作技艺

罗浮山百草油制作技艺的朋友——中草药卷柏、罗勒、鸡眼草

罗浮山位于广东省惠州市博罗县境内，有"百粤群山之祖""岭南第一山"之美称。罗浮山雨量充沛，常年云雾缭绕，冬暖夏凉；土壤为坡质黏性土，属偏硅酸类型，富含微量元素锌；泉水丰盛，水质甘甜清洌：为各种名贵中草药提供了良好的生态环境。

罗浮山百草油的原料药材大多出自罗浮山，如金耳环、金线风、七叶一枝花、还魂草、金不换、人字草等。这里为大家简单介绍几种。

卷柏 又名还魂草，它是多年生草本植物，常生长于山地裸露的岩壁上。它的特点是耐干旱能力极强，据说即使是炎热的夏季，在滚烫的裸露岩壁上，其他植物已经旱死了，卷柏仍然能够顽强地生存着。无论是它自己顽强的生命力，还是止血治伤的功效，都配得上它这个气派的名头"还魂草"。

罗勒 梅州一带称其金不换，而在其他地方它还有很多别称，如香菜仔（普宁）、鱼生菜（汕头、揭阳）、九层塔（广州、潮阳）等，民间多用作食材，称其比黄金还金贵，所以叫金不换。入药的是它的籽，大小如芝麻，内含于果实中，颗粒饱满圆润。2001年培育出的新品种子粒滑溜乌黑光亮，入喉口感更佳，并注册命名黑金砂。

鸡眼草 别名人字草，潮汕地区称鹿含草。味甘淡，性微凉，无毒。内服清热利湿、健脾、清肺利尿。入肺肾经。主治咳嗽胸痛、暑热口渴、小儿疳积、久痢、疟疾、中暑发痧、伤暑小便不利、小便尿血、急性胃肠炎、夜盲症。

　　我们的饮品篇章从茶、酒到陈皮、化橘红，中医药香越来越浓郁，还有一种药香更浓的药油，虽也能内服，但平时多以外用为主，这就是来源于晋代医药学家葛洪处方的"罗浮山百草油"。

　　史料记载，公元327年，葛洪游历岭南，被罗浮山秀丽的景色与丰富的草药资源吸引，定居此处修道炼丹。他留下的《肘后备急方》是中国医药史上的重要著作。他在《金匮药方》《肘后备急方》中还记述了用罗浮山中草药治病的案例。当时的罗浮山一带，森林密布，阴雨连绵，导致瘴气很重，当地百姓多发风湿、伤寒等症，苦不堪言。葛洪结合炼丹技艺，研制出新的药油，解除百姓之苦。经代代传承与整理，明代罗浮山黄龙观的道士陈伯辉在前辈古方的基础上，挖掘整理，加工集成，弃其糟粕，扬其精华，花了20多年的时间，终于得到了功效奇特、药性平和、内服外用俱佳的百草油，由此时算起，百草油已有500多年历史。百草油制备工序复杂，是由68味中草药提取的百草精与11种植物精油配制而成，让我们一起来看看它的工序。

　　制备药油的第一步，肯定是药材的准备了，在适宜的季节上山采收还魂草、人字草、金不换等各种所需药材，除去杂草、泥沙、非药用部位等，洗净。根或根茎类药材可趁鲜切薄片或段，一般晒干或阴干，留存备用。

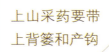

上山采药要带上背篓和产钩

接着，制备植物精油，一般是由蒸馏法得到。取准备好的龙脑樟树枝叶或树脂、本樟树枝叶等药材，切成薄片或小段，分别精制。在木甑中加水蒸煮，水要没过药面，上置特制的桶（内部带槽，底部引一小槽），蒸汽在桶槽处冷却流下，即得到粗制的植物油脂，再将其放入顶部细长的器皿中，过夜，分取油层，另器保存。根据不同植物特性，经过反复蒸馏、加炭脱色、冷冻等50余道工序，才可到各种植物的炼制精油。

罗浮山现在是国家AAAAA级风景名胜区

　　有了植物精油，还需要茶油。取洗净晒干的山茶籽，打碎，用布袋包裹起来，置于特制的木制槽中，上覆木块，压出原茶油；将原油加水蒸馏，并加入柠檬等，冷却，分取油层，反复多次便可得到茶油。

　　除此之外还要制备百草精。将处方中其他药材切成小段或薄片，置于药锅中，加茶油适量，没过药材顶层，浸泡15天，随后捞去药材，将茶油用干净细布反复过滤，就可以得到百草精。

　　当我们有了茶油、植物精油与百草精，便可进行最后的配制了。根据处方配比，量取百草精、植物精油，再加入茶油，方得到真正的百草油。

　　小小一瓶药油，见证传承了悠久历史进程中岭南地区医药文化的积淀与发展。百草油陪伴岭南百姓度过几百个酷暑寒冬，是岭南人民日常保健、养生、药用的选择，是岭南中医药文化当之无愧的代表作。

植 物 名 片

卷柏　*Selaginella tamariscina* (P. Beauv.) Spring

　　卷柏科卷柏属土生或石生蕨类植物。其全草称为还魂草。多年生草本，高5—15厘米。主茎直立，下着须根。各枝丛生、直立，干后拳卷，叶小，异型，交互排列；全年均可采收，除去须根和泥沙，晒干。花期7—9月，果期9—10月。因其茎叶似柏树的幼枝叶，而且枝叶内卷得名"卷柏"。繁殖方式为孢子繁殖。分布于全国大部分地区。

罗勒　*Ocimum basilicum* L.

唇形科罗勒属一年生直立草本植物，别名金不换。味似茴香，全株小巧，全体芳香，高20—70厘米。叶色翠绿，花色鲜艳。叶卵圆形至卵圆状长圆形，花冠淡紫色，或上唇白色下唇紫红色，小坚果卵珠形、黑褐色。花期通常7—9月，果期9—12月。原生于亚洲热带区域，对寒冷天气非常敏感，在炎热干燥的环境下生长得最好。

鸡眼草　*Kummerowia striata* (Thunb.) Schindl.

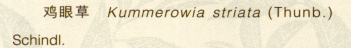

豆科鸡眼草属，一年生草本。别名人字草、鹿含草、三叶草。茎和枝上被倒生的白色细毛。叶为三出羽状复叶。叶柄极短，一柄三叶，叶脉呈人字形排列，拉断叶片裂口即成人字形，故而得名"人字草"。生长在阴凉潮湿的山坡、田野、路边，一年之中除冬季外，其他三季都易采。

五

多彩的民俗

Chapter 5

　　我们看过精绝技艺，体会过民间智慧，尝过佳肴美味，也品过茶酒之香，悠长的历史岁月与植物朋友们碰撞出了太多炫目的火花。终于来到最后一站，还需要同学们动用起一切感官，因为在这一站，我们要走入一个个民俗或是传说之中。文化的传承向来以此最具韵味，虽非实体，却更动人。待我娓娓道来，让同学们去体味那百态人生。

何仙姑与挂绿的传说

何仙姑与挂绿的传说的朋友——荔枝

荔枝，作为广东人最熟悉的水果之一，同学们知道它名字的由来吗？最早关于荔枝的文献是在西汉司马相如的《上林赋》中，文中将荔枝写作"离支"。因为，荔枝这种水果一旦从树上摘下，保质期非常短。如果不只摘下果实，而是和枝丫一起摘下，保鲜期会加长，所以得名离支。在那首著名的"一骑红尘妃子笑，无人知是荔枝来"的诗句中，估计古人是使用了带土连枝运输的技术，才能保证将新鲜的荔枝送入长安。

　　本节要为同学们介绍的非物质文化遗产项目，可能标题已令同学们惊讶了，传说也能算非物质文化遗产项目吗？答案是肯定的，民间文学属我国的非物质文化遗产十大类之一。诸如白蛇传、梁祝等，既有丰富的文学趣味，也承载着深厚的中华文化底蕴，还能彰显中华民族的美好品质与精神，自然要被我们好好记录保存起来了。而何仙姑与挂绿的传说，也属于民间文学，同学们有听过吗？

荔枝是岭南佳果之一

　　题中的挂绿，说的是一种荔枝品种，这种荔枝，在近年的一次拍卖中，拍出了55.5万元一颗的天价！能够产出这种挂绿荔枝的荔枝树，目前只有一棵存活，植种于广东省广州市增城区西园，这棵树上结出的荔枝壳上有一条绿线，故被称为挂绿。如此珍贵的荔枝，与八仙之一的何仙姑又有怎样的渊源呢？这就要从唐朝开始讲起了。

　　大约1300年前的唐朝，在增城的小楼镇仙桂村里，有一位叫何泰的村民，他以卖豆腐为生，娶妻吉氏，膝下只有一女，名叫秀姑。凡异人出世，必有异象，秀姑也不例外，她出世时，家中紫云绕室，白光闪耀，人人称奇。

　　何秀姑果然与众不同，她从小喜爱读书，手不释卷，过目不忘。十三四岁时，便帮助父母操持家务，知礼重德，深得村邻赞誉。

　　何秀姑十五岁那年，有一日，她做了一个梦，梦中有位白胡须的老公公告诉她，村前云母溪对面有种云母片，用它磨成粉末泡水喝，不但能长生不老，还能在空中飞行。天一亮，何秀姑就急忙前往云母溪对面，果然找到云母片。何秀姑按老公公讲的方法吃完云母片，果真掌握了特异功能，轻轻松松就能飞到天上。何秀姑很开心，经常飞到罗浮山采果给母亲吃，还在罗浮山拜仙长麻姑为师。

当时唐朝的皇帝是武则天，她很想求得长生不死的办法，她一听说何秀姑会飞这件事，马上就下旨接何秀姑进宫传法。圣旨一到，数十官差抬着大轿上门接人。何泰只有何秀姑一个女儿，当然不愿她进宫，于是死命拉住女儿不放。官差强抢，何泰被推倒，头撞在井沿上，鲜血直流，夫妻二人痛哭。正在这时，只见一道白光平地而起，官差惊散，原来是何秀姑受天命召唤，立地成仙，何秀姑向父母道过一声保重，飞天而去。从此何秀姑就成了仙人，被称为何仙姑。

何仙姑成仙后，与汉钟离、张果老、韩湘子、铁拐李、吕洞宾、蓝采和、曹国舅合称"八仙"。八仙相约去山东蓬莱，但八仙过海前何仙姑对父母依依不舍，便在荔城西园一棵荔枝树下为父母做绣花鞋，以寄托思念。何仙姑刚做好鞋，就听到鸡鸣天将亮，来不及收拾，便与七仙一起飞天北上。这时，她无意间挂在荔枝树上的绿丝线变成了红色的荔枝壳上一条绿线。人们为纪念何仙姑，便称这种荔枝为挂绿。

这就是何仙姑与挂绿的传说，一方面，通过一个勤劳秉孝、知礼重德、行善助人的好女子最终成仙的故事，劝人从善，引证"善有善报"的因果；另一方面，原始文字记录中反映出古代增城的社会状况、人文环境等多方面的信息，也为研究当时社会及当地历史提供了珍贵的资料。挂绿荔枝也正是凭着这"仙气"而名冠天下。

何秀姑荔枝树
下做绣花鞋

　　古老的传说充满想象力，然而荔枝除了留下美好的故事外，还孕育出了另一项非物质文化遗产，让我们前往东莞，去看看那儿的荔枝蜜酿造技艺。

　　广东省东莞市一直有"荔枝之乡"的美誉，东莞荔枝被誉为"岭南第一品"。东莞荔枝种植范围广泛，据史料记载，远在明代，东莞就存在栽有千棵荔枝树的荔枝园。清溪镇在东莞

市的东南部，境内大部分被森林所覆盖，漫山遍野都是荔枝树，荔枝开花时，可为蜜蜂提供大量的蜜源，因此，早在几百年前清溪人就开始养蜂酿荔枝蜜。

蜜蜂是酿蜜的重要媒介

荔枝蜜呈琥珀色，芳香馥郁，带有浓厚的荔枝花香，是岭南地区出品的上等蜂蜜。想必同学们已经迫不及待想要品尝荔枝蜜的滋味了，但要得到如此美味，却并非易事。

蜜蜂饲养：在荔枝花盛开的季节，就是养蜂生产的旺季，蜂农会抓紧时间利用蜂王分出更多的新蜂群

取蜂蜜：利用分蜜机、割蜜刀、滤蜜器等工具将蜂蜜分离出来

蜂蜜加工：分离出来的蜂蜜中还含有一定的水分和杂质，需要进行过滤、脱水、提纯等工序，使蜂蜜的保质期延长

荔枝蜜

蜂蜜贮存：蜂蜜是酸性黏稠液体，要用玻璃瓶、瓷缸等容器密封贮存

　　荔枝蜜的生产既需要蜂农长期的实践经验，又需借助蜜蜂的帮忙，还要紧紧把握荔枝花期，可以说，荔枝蜜是真正依靠天时、地利、人和才能得到的珍品。著名作家杨朔写过一篇名为《荔枝蜜》的散文，赞美荔枝蜜甜香里带着股清气，喝着让人觉得生活都是甜的；赞美蜜蜂为人类酿造最甜的生活；赞美农民用劳力建设自己的生活，也为后世子孙酿造着生活的蜜。

植物名片

荔枝　*Litchi chinensis* Sonn.

　　无患子科荔枝属常绿乔木，高通常不超过10米，有时可达15米或更高。果卵圆形至近球形，长2—3.5厘米，果皮有鳞斑状突起，成熟时通常呈现暗红色至鲜红色。种子全部被肉质假种皮包裹。花期春季，果期夏季。产于我国西南部、南部和东南部，尤以广东和福建南部栽培最盛。经过长期的栽植培育，如今已有十多个荔枝品种。比如妃子笑、三月红、兰竹等，它们各有风味，其中"萝岗桂味""毕村糯米糍"及"增城挂绿"最为鲜美，有"荔枝三杰"之称。

小榄菊花会

小榄菊花会的朋友——菊花

菊花是中国十大名花之一，也是花中四君子（梅兰竹菊）之一，更是世界四大切花（菊花、月季、康乃馨、唐菖蒲）之一，产量居首。在古代神话传说中菊花还被赋予了吉祥、长寿的含义。菊花原产于中国，公元8世纪前后，菊花经朝鲜传至日本，17世纪末，荷兰商人将中国菊花引入欧洲， 19世纪中期引入北美。此后菊花种植遍及全球。

广东中山的北部，有一小镇，因境内的山丘远看像一颗橄榄，故取名小榄镇。小榄镇水土丰饶，是典型的岭南水乡。约700年前，中原战火纷飞，北方士族为避难而南迁，来到这里，正好是金秋时节，菊花正盛，放眼望去，黄菊漫山遍野。相比起中原的战乱，眼前简直就是人间仙境，众人于是决定定居此处，又将野菊移植进园圃之中赏玩，中原文化与岭南文化便在培植菊花的漫长岁月中悄然地碰撞、融合。一晃约700年过去，今日的小榄菊花是何风貌，我们这就一起去看看吧。

重阳节后一个月左右，秋高气爽，正是赏菊的好时节，一场菊花盛会也如期而至。

会场的入口处，气派的大牌坊早已被各色菊花包裹。花柱之上挂着横幅，注明花会的年份。为了花会的圆满举行，小榄人往往在年初就开始商讨制订花会内容、广聘花工、搜罗菊花名种。经过工匠的巧思排布，步入会场，犹如进入了菊花的世界。步道两侧铺种的各式菊花，无不是菊中翘楚，高低错落，色彩各异，组合拼接出不同的图案，连成一片花海。走进花海深处，到处是由菊花搭建起来的立体造景，有人物造型、动物造型，也有鹊桥、拱门、塔楼等建筑造型，一步一景，让人流连忘返。

花会的地点往往要依水而定，好让水上项目顺利开展。五人飞艇赛便是其中之一，比赛时各船在开阔的湖面排列整齐，每艇五人，另配一小孩负责排出艇内积水。号令声起，赛艇向着终点龙门奋力冲刺，每通过一道龙门，岸边群众奏鼓乐、燃爆竹以欢庆，好不热闹。终点处早就备好了金猪（烧猪）、牌匾等奖品，飞艇赛结束后，胜利者将金猪、酒食带回，与村人共宴，俗称食"龙舟饭"，以祈求吉祥。

更精彩的还要数"水上飘色"。人们将庙宇中的神像抬到船上，环镇出游，同时各坊出具彩船，随神同游，每船都会张

菊艺展示是小榄菊花会的主要内容，游客自由参观，一律免费

灯结彩以表演经典故事，比如《八仙过海》《牛郎织女》《哪吒闹海》等，通常选取小孩来扮演故事中的人物，大至五六岁，小的一两岁就被抱上去表演了，甚是可爱。随着小榄人生活质量的提升，越来越多的现代科技元素也加入菊花会中，彩船伴随着绚烂的灯光，愈发让游人沉浸其中。

欣赏完菊花、彩船，不容停歇，紧接着还有菊艺竞赛。每一届菊花会主会者都会提前制订竞赛项目和评比标准。如，半球造型的大立菊的评选标准是长短相从，高低有序，行列整齐，无挨枝跪泥等为合格；以叶色青葱，花容鲜艳，无一叶脱瓣为优。在此标准下，各单位推举出自己培育的最优作品，置于一堂，互相竞技；游人大饱眼福。

　　除此之外，各种戏曲歌舞也搭台上演，各种以菊花为主料的小吃沿路售卖，菊花肉、菊花饼、菊花酒、菊花鱼球等吃喝尽有，让游人从眼睛、鼻子到耳朵、嘴巴全方位地享受了一场菊花的盛会。

　　这样的菊花盛会，每年都会举办一次，每隔几年，不定期还会更加隆重地办一次中型菊花会。更值一提的是，当年先辈避战来此望见满山菊花时是甲戌年，后人为了怀念，每逢甲戌年，都会极为隆重地举办一次"甲戌菊花大会"，是最盛大的菊花庆典了。最近的一次，是1994年甲戌菊花大会，同学们知道下一次是什么时候吗？

　　小榄菊花会作为一种民俗活动，延续至今，不仅使各种精湛的植菊技艺得以流传，还发展了丰富的文化活动，将菊花高洁的品性渗透进了民风民俗中，引人向善，让我们得以切身感受到历久不衰、一脉相承的文化韵味，意义深远。

植 物 名 片

菊花　*Chrysanthemum morifolium* Ramat.

菊科菊属的多年生宿根草本植物。高60—150厘米。茎直立，叶互生，有短柄，叶片卵形至披针形，长5—15厘米，羽状浅裂或半裂，有短柄，叶下面被白色短柔毛。头状花序，外围为舌状花，大小、形状变化很大，有平瓣、匙瓣等多种瓣形；不同的瓣形，形成不同的花型、颜色、品种。

潮州工夫茶艺

潮州工夫茶艺的朋友——茶

绿茶、乌龙茶、红茶，这些并不是植物的分类，而是由发酵程度的不同而区分的不同的茶叶品种。乌龙茶中的凤凰单丛，采至生长在广东省潮州市凤凰山的茶树，当地现存3000余株单枞大茶树，树龄均在百年以上，品质优异。相传南宋末年，卫王赵昺南逃路经乌崇山，口渴难忍，山民献红茵茶汤，饮后生津止渴，赐名为"宋茶"，后人称"宋种"。人们通过观察鉴定，实行单株采摘、单株制茶、单株销售方法，将优异单株分离培植，并冠以树名，故称凤凰单丛茶。

有同学可能会疑惑，茶饮不是应该在上一章"琼浆玉液"中品尝吗，之所以在民俗传说这章出现，那就说明此茶"不简单"。《周易·系辞》中说"立象以尽意"，意思是具体的表现形式，可以更好地表达意义与内涵。茶道，便是如此，通过规范的程式，来展现茶文化的意义与内涵。也正是这种承载力，让潮州工夫茶，不仅仅只是一道饮品，更作为一种生活方式，一种民俗，渗透进了广东潮州人的灵魂深处。我们这就一起来学学这富含文化韵味的工夫茶该怎么喝吧。

要烹制工夫茶，首先肯定是准备茶叶和水。潮州人喝工夫茶独爱乌龙茶，尤其是潮州单丛，最受青睐。而用水以山水为上，江水为中，井水为下。即便是山上之水，也分等级，"山顶泉轻清，山下泉重浊，石中泉清甘，沙中泉清冽，土中泉浑厚"，非常讲究。

备好茶水，便可开始生火烹茶。同学们已经知道了火炙酿酒中的"暗火"是指不能有火焰产生的缓慢燃烧，而工夫茶所需恰好相反，是要"炭之有焰者"的"活火"烹制。潮人煮茶，多用绞只炭。绞只炭的优点是木脂尽脱，无烟无味，一经点燃，室中还隐隐可闻"炭香"。再有就是更贵重的"乌榄核炭"，以乌榄核烧得，燃烧时，火苗均匀，不紧不慢，其他的比如杂炭、柴草、煤等，就没有资格入工夫茶之炉了。

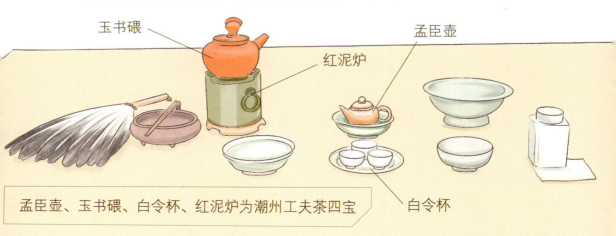

玉书碨　　红泥炉　　孟臣壶　　白令杯

孟臣壶、玉书碨、白令杯、红泥炉为潮州工夫茶四宝

水开治器，也就是清洗、淋烫一遍茶具，就可"纳茶"了。往茶壶中加茶叶时，也要极为讲究，将茶叶倒在素纸上，分出粗细，取其最粗者填于茶壶底滴口处，再用细末填塞中层，最后以稍粗之叶撒于上面。茶叶不能加得太满，以七八分为宜。

铜箸为铜制，羽毛扇用于泥炉生火时搧风

等待水第二次煮开时，此时最适宜泡茶，一般将水壶高高提起，向着茶壶边缘倾注而下，切忌直冲中心，"高冲"是为了让水温能最大限度地渗透到底。冲制好的第一泡茶，一般废弃不喝，这叫"洗茶"。同样的方法再冲制一次，确保水满，但忌溢出，再用茶壶盖刮去浮沫后盖好。之后还要"淋灌"一次，即对着盖好盖子的茶壶，再冲一次热水，既冲干净壶边的余沫，又让壶身加热，让茶香充满壶内。

等待片刻，就可以"洒茶"，即倒茶了。要注意的是，时间控制非常关键，如果太早倒茶，则茶水未浸透，香味不出；太晚又会茶色过浓，导致茶味苦涩。等待恰当的时间后，不能一杯一杯地倒茶，而要各杯轮转着一起逐渐倒满，这样的手法也叫"关公巡城"；最后为了保证茶壶中没有余留的茶水，还要再沥点几下，这叫"韩信点兵"。倒茶不能像冲水那样高冲，而要"低洒"，以避免茶香飘散、泡沫丛生。至此，就可以趁热一饮而尽，好好品味茶香。

如果要上台公开演示潮州工夫茶艺，则在此基础上，增加"茶具讲示""茶师净手""甘泉洗茶"等共二十一式，便是全貌了。

潮州工夫茶艺的历史，起于宋代，兴于明清，自古便有诗赞曰："扫叶烹茶坐复行，孤吟照月又三更。城中车马如流水，不及秋斋一夜情。"表达文人雅士烹茶自得的出世情怀。意境已有，程式自然是锦上添花之事，得体、优雅的烹茶方式，也让茗香更加甘醇。常言道，英雄需有宝剑配，既然有此茶道，那茶叶的选制自然也是不能拖后腿，潮人最青睐的单丛茶制备也因其历史悠久、工艺精良而被列入非物质文化遗产项目名录。我们就此一并来看看这茶中精品潮州单丛茶的制备，是何以配上工夫茶道的吧。

单丛，顾名思义，是指单株培育、单株采摘、单株制作的

种茶

优质乌龙茶。根据产地、外形特性的不同，又分为白叶单丛、凤凰单丛、石古坪乌龙等，不过制作工艺基本相近。

　　茶叶的制备工艺的步骤都带"青"字，也是非常形象。"采青"季节时，就要找一个天晴的下午采摘茶叶，新采的茶叶称为"茶青"，为了避免茶青挤压，要轻采轻放，采一片放一片，不能用手攥着。采集完成后，要进行"晒青"，根据气温的不同，将茶青放在阳光下晒10—30分钟不等，晒到"贴筛"为宜。

采青

晒青

凉青

碰青

发酵

手工炒青

然后，转到阴凉处"凉青"1—2小时，让茶叶内部均匀进行一系列变化，更好地形成茶香。

最重要的过程，叫作"碰青"，因为茶叶制备过程是叶片内部自然发生的变化，不用人工添加霉曲，而是需要翻弄、摇晃、静置茶叶，反复交替，在不伤到茶叶表面的前提下，让内部发生充分的变化，产生所需的各种物质成分。"碰"到叶边发红，叶腹仍绿，叶脉透明，叶形呈汤匙状，香气久存，这便是碰青适

度的标准。

　　随后便要"杀青"了，为了保证茶叶不再进一步发酵变质，要通过炒制，让叶内终止变化。一般碰青结束，再堆放一小时后才能进行炒青。将青叶投入锅内，先扬炒，后闷炒，再均匀翻炒，让茶叶柔软有黏手感、手握之成团、青臭味转成清香味便算炒制成功。

　　最后通过揉捻的方式，让茶叶内含物进一步渗出附着在茶叶表面，再用小火慢烘的方式焙干，才算制成单丛乌龙茶。

揉捻、解块

烘焙

　　单丛茶的香型均属天然香型，而且丰富多彩，主要有蜜兰香、芝兰香、黄栀香、桂花香、杏仁香、奇兰香等。其名品都是主要香味突出，其余花香兼备；随着冲泡次数的增加，香型也会随之发生奇妙变化。如此优质的茶叶，再经工夫茶的方式烹制，无论是对烹者还是对饮者，都是极致的享受。

　　中国是茶的故乡，也是茶文化的发源地。通过沏茶、赏茶、闻茶、饮茶、品茶等习惯，让中国的茶文化内涵和礼仪结合形成鲜明的文化特征。每一位中国人都应当亲身体会其中的滋味，你会发现，那是一种血脉深处的文化呼唤，让我们心向往之。

植物名片

茶　*Camellia sinensis* (L.) Kuntze

　　山茶科山茶属灌木或小乔木，在热带地区也有乔木型茶树高达15—30米，基部树围1.5米以上，树龄可达数百年至上千年。嫩枝无毛。叶革质，长圆形或椭圆形，经广泛栽培，毛被及叶型变化很大。叶子就是做茶叶的茶青。花1—3朵腋生，白色，花柄长4—6毫米，花期10月至翌年2月。茶树主要分布在南纬16度至北纬30度之间，喜欢温暖湿润气候，平均气温10℃以上时开始萌芽，生长的最适温度为20℃—25℃，喜光耐阴。广东一带的乌龙茶品质尤其上佳。

文章湾村簕古龙

文章湾村簕古龙的朋友——簕古子

簕古子，同学们别看这种植物名字陌生，如果在自然界中遇到它，一定会有熟悉的感觉。因为它的果实外形酷似一颗小菠萝，所以它也有另一个名称，叫假菠萝，还有人叫它海菠萝。簕古子的果实和叶片都是装扮文章湾村簕古龙的好材料。由簕古子点缀的龙，更是增添了几分神秘色彩，绿色的簕古叶与纹路分明的簕古果，让簕古龙活灵活现，叫人过目难忘。

中国地域广袤，文化纷繁，要说同学们记忆最深刻的过年习俗是什么，想必大家的答案也不尽相同。虽然习俗不同，但究其本质，都是发端于劳动人民对美好生活的希冀与感怀。广东地处沿海，渔业发达，而龙作为海中诞生的图腾，自然有着特别的地位。舞龙、祭妈祖一类的习俗也比较常见。同学们有没有见过用植物装扮起来的龙？本节就带大家去广东湛江的文章湾村，看看当地的年俗——簕古龙。

龙头

任何习俗，都不是无故兴起的，文章湾村簕古龙也不例外。宋朝时，有位抗元名将陈文龙，他与家人相继为国捐躯后，只剩次子陈梦雷成功出逃隐居。到了清朝初期，陈梦雷后裔一分支迁居到文章湾村，承袭了原先在福建时祭拜妈祖、舞龙等年俗，但只是舞普通的草龙、布龙，算不上簕古龙。

有一年，文章湾村发生瘟疫，50多人相继死亡，在科学尚不昌明和缺医少药的年代，村民认为这是邪魔作祟，十分惊慌。于是，依据茅山道教"簕古可避邪"的传说，用辟邪的簕古、柚子等植物为主体材料，制作簕古龙，再沿着村巷巡游舞龙，驱邪镇魔。巡舞结束后，给每家每户派发一片簕古龙身上的簕古叶，放在家中作辟邪物，保佑平安，瘟疫最终被消除。也正是由此，文章湾村每年农历正月十九，都要制作簕古龙巡舞，传承至今。

文章湾村的簕古龙，长约25米，主要用原生态植物簕古子等制作。先用竹篾加横杆作骨架，外用稻草包裹绑实，扎成龙头外形，再糊上纱纸使其光滑；接着用橙子作龙眼，柚子皮作龙鼻，菠萝皮作龙额，菠萝叶作龙眉，簕古片作龙角，剑麻片作龙舌，榕树气根作龙须，簕古果作龙牙。每一种植物的利用都恰到好处，让簕古龙栩栩如生、肃穆庄严。

为制作这样的龙，村里人每年农历正月十三就要开始准备了。由族头集中开会，布置采集材料，村人得令出动，所有的材料直到农历正月十六收集完成。

舞龙

收集好材料后，龙头部分主要由师傅负责制作，龙身上的4000多片簕古叶，由自愿参与的妇女用手工针线缝制在绿色条布上。

龙节用竹篾织成两头封口的猪笼状，中间用竹竿作龙把，高约1.6米，共8节。龙身除了簕古叶片，还要贴上菠萝皮作龙鳞。龙尾则用铁线扎成框架尾鳍，再覆盖簕古叶片。

最后，还要制作龙珠，用铁线绕成圆球，贴满菠萝叶，形似菠萝果球，龙珠与把柄相接处扎上彩带装饰。

到了农历正月十九，照年例，敬拜天后圣母众神时，由健壮的村民舞龙而出，为祭典增添表演活动。届时，龙珠1人、龙头1人、龙身7人、龙尾1人，10人合力，由"龙珠"引领，随锣鼓声舞动龙身，变换动作。在舞龙者的控制下，簕古龙做出一系列动作，时而腾跃云际，时而戏水逐波，时而盘身昂首，时而缠身穿插，时而盘尾休憩，时而翻滚磨鳞，尽展龙的形态神韵。龙神态的喜、怒、惊、狂，动态的翻、跃、游、戏和眨眼、逐波、昂首、点头等动作都能淋漓尽致表演出来，十分精彩。

虽然龙舞在中国文化体系中并不少见，但像簕古龙这样以植物装扮龙体的方式可以说是极具地方特色，对今天的历史、文化、民俗等研究都有非常重要的价值。同学们想去现场亲眼看看簕古龙的风采吗？

植物名片

簕古子 *Pandanus kaida* Kurz.

露兜树科露兜树属的常绿灌木或小乔木，又称簕古、麻簕。有时攀援状。干有支柱根。叶狭长，中脉和边缘有小尖刺。花小，果为一圆头状或圆柱状的聚合果，由多数、有角的核果组成或为浆果状，也就是酷似菠萝的外形特征。在我国，多产于广东南部、海南等地。其嫩芽可供食用，叶可包粽。根、叶、果都可入药。可以说，它全身都是宝，树干旦长的一种簕古虫更是营养丰富，深受当地人的喜爱。

疍民过年习俗

疍民过年习俗的朋友——毛俭草

毛俭草长在山间，是常见的路边杂草。然而，正是这种普通的野草，过年时被疍民收集、利用起来，捆扎为草龙的身子，细长柔软的草儿凝聚成了健壮的筋肉，疍民又将点燃的香插在草隙中，就做成疍民过年时所舞的草龙，在美好的节日中为民众传递美好的期盼。

看过了簕古龙，我们再去感受另一种舞龙文化。岭南曾有这样一群人，他们终生漂泊于水上，以船为家，极少登陆，这就是"疍民"，他们终生居住的船，便是疍家船。20世纪50年代开始，我国政府陆续安排疍民上岸居住，沿海一些渔民新村，便是因此而修建的，广东省深圳市龙岗区南澳街道南渔社区也是其中之一。

疍民们以大海为伴，自然对天气海况的平稳有着莫大的期待，最怕暴雨、龙卷风之类的灾害，每每刮起龙卷风，船被巨浪打翻，那可是全家的灾难。正因如此，每逢初一、十五，疍民们就要在渔船上点起香火，朝天跪拜，祈求妈祖保佑四季平安。

相传有一天晚上，妈祖显灵，托梦对一位老人说，每年正月初二晚上舞龙，可以压制龙卷风，以保风调雨顺。后来，每逢初二，大姓家族便组织渔民，登陆上山割草，扎成龙状，由青年男子舞动，同时敲锣打鼓朝海祭拜。最后，将草龙点燃，化为灰烬，撒入海中，龙归大海。据老人说，晚清时某年，因为官方征税过重，渔民们不堪重负，拖到正月十五才扎龙祭祀，结果就是这一年，有一户渔民出海时遭遇了海难。此后，初二舞草龙成为渔民们雷打不动的习俗。

大年初二，一大早在族中德高望重者的统筹与安排下，渔民们集结去附近山上割来一捆捆长长的俭草，再割一些相较柔软干净的草。不同的草各有其用，毛俭草质地柔软，形状细长，用于捆扎成一段一段的龙身。其他的草就用来填充龙身，便于之后插香。割来的草堆放在庙前，妇女与孩子也早早围过来，整理好材料，期待着盛会的到来。

下午四时左右，村民们便聚在天后庙前，开始扎龙。他们将草扎成一米一节略带弧度的龙身，插上木棍撑起来。龙身的捆扎也非常讲究，捆的太紧会显得生硬呆板，太松又易在舞动的过程中散落。在有经验的村民手中，捆扎好的龙身既能保证舞动时的灵活，又能保证几小时的舞动中，龙身上插的香不掉落。至于草龙要扎多少节，则是由村中成年男子的数量来定，如果全村有男丁百余人，那往往要扎60节以上，以保证成年男子都能参与其中，为全村来年的运势顶起希望。扎好的每一节龙身之间用红绳连接起来，最终形成一条八九十米长的草龙，龙身便初步成型。

最难扎的要数龙头了。龙头以大箩筐做底衬，以两只手电筒（过去是用多炷香捆扎起来）做眼睛，并在龙的额头上挂一个直径约五寸的大圆镜子，以作照妖驱邪之用。再配上一堆红红绿绿的装饰物，使龙眼、龙须、龙角、龙鳞这些细节活灵活现。随后在龙身、龙头上插满香火，再另扎一个圆圆的龙珠，准备工作便大功告成。

扎龙完毕，整装待发

　　村民共举一事，忙得不亦乐乎，转眼到晚上七时，天后庙的小广场上，数百名渔民汉子统一服装，威风凛凛地站在草龙旁边，尤其是龙头的把持者，往往是体魄健壮的男子，代表了当地村民的精神风貌。望着这些顶天立地的汉子们，围观者心中无不澎湃激动，然而这还只是开始。

　　随后，汉子们点起龙身上的香火，草龙瞬间变成一条火龙，锣鼓队也趁势开始演奏。擎龙者举起巨龙，向天后庙三拜，再向南方三拜（相传龙是从南海跃起），紧接着在广场中舞动，随后绕村游行。村民们也早已在自家门口点好红烛，备好贡品，龙行至自家门口时，燃放爆竹、烧起纸宝。龙按照三步一停的步伐行进，要等每家的爆竹燃放完毕，方可浩浩荡荡地继续前行。整个渔村一片欢腾，沉浸在节日的喜庆之中。

舞龙

　　游行要持续一两个小时，尽管舞龙者都是身壮力健的男子，也需要几人轮换才能保证草龙以最饱满的精神状态游村而过，传递给村民最强大的信心与希望。活动的最后，草龙来至码头边，全村老少也都汇集于此，做最后的祭拜，然后将草龙点燃，待草龙化为灰烬，送入海中，人们才各自带着美好的期望逐渐散去。

　　舞草龙承载着南澳渔民的历史文化信息和族群记忆，体现渔民的思想信仰，展示独特的民间艺术。舞草龙营造渔村节日喜庆热闹氛围，在传统节日中增加了人民口中的"节味"。

送龙

　　随着渔民生活条件的改善与生产结构的改变，海上作业也逐渐淡出当地人的生活，但在当地民众的努力传承下，像舞草龙这样的习俗并没有消失，依然能完整地呈现，它不但使本地居民能够享受到这种文化盛宴带来的心灵撞击，还吸引着很多外地同胞们参与其中，为构建和谐社会起到了非常积极的作用。

植 物 名 片

毛俭草 *Mnesithea mollicoma* (Hance) A. Camus

　　禾本科毛俭草属下的一个种，多年生草本。其秆直立，高可达1.5米，直径可达5毫米；叶片扁平，呈线状披针形，叶片的基部为楔形，到端头处渐渐变尖，两面都有细微的被毛。总状花序圆柱形，单生于秆顶，长5—10厘米，直径约2毫米，序轴节间长约3毫米，顶端凹陷，每节间的凹穴中并生2个无柄、1个有柄小穗。花果期在秋季。产于广东、广西及海南等省区，多生长于草地和灌草丛中。

后记

　　非物质文化遗产既是文化多样性的熔炉，又是可持续发展的保证，非物质文化遗产与植物世界的联系，见证着人类对植物世界从未停步的探索。广东人民崇尚自然、热爱植物，依托于岭南地区各类植物而传承发展的非物质文化遗产，既是中华优秀传统文化的典型代表，更是讲好新时代绿水青山故事的主角。基于此，本书选取广东各地20多个涉及本土特色植物的非物质文化遗产项目，如广州榄雕与乌榄、新会葵艺与蒲葵、新会陈皮与柑橘、莞香制作技艺与莞香树等，展现人们运用植物资源创造美好生活的技艺和智慧。

　　我们从生活文化的角度出发，将全书分为"百变的造型""生活的宝藏""美味的旅途""茶酒药飘香""多彩的民俗"五个篇章，每个篇章由五至六节构成，每节的内容不仅铺陈非物质文化遗产项目的人文知识，也介绍相关的植物知识，力求语言生动，插图精美，引领读者朋友从身边的花草树木出发，去深度理解美好的传统文化，去感受人类与自然的和谐共生。

　　本书从策划到出版，凝聚了许多人的心血与努力。非物质文化遗产专家刘晓春、张春雷、陈忠烈、胡卓炎、蓝韶清、裴继刚和植物学专家王瑛、罗世孝，均提出了宝贵的专业意见和建议；各地市非物质文化遗产保护中心和社会热心人士为本书编辑提供了丰富的素材；陈实先生以及赵伟、喻锦琳、唐诗音、梁晖为整理材料、撰写文稿而辛劳付出，插画师任君杰以及沙棠文创团队则绘制了增光添彩的插图；本书也得到广东人民出版社的鼎力协助。在此，一并致以谢忱。

　　广东这一方热土上，非物质文化遗产资源丰富多彩，其中与植物有关的不胜枚举。由于篇幅所限，本书所列举项目可能不及十一，实属遗憾。希望读者朋友特别是青少年以本书为线索，引起进一步探索广东非物质文化遗产的兴趣，也以此为契机，在孩子们的心中种下一颗美好的种子。

本书编委会

2023年10月